语言学及应用语言学系列丛书

教育部人文社会科学重点研究基地
广东外语外贸大学外国语言学及应用语言学研究中心

U0651085

企业中的书面语研究
—— 兼论书写语言学

Written Language in Workplaces:
An Approach to the Linguistics of Writing

郑立华 叶剑如 著

外语教学与研究出版社
FOREIGN LANGUAGE TEACHING AND RESEARCH PRESS
北京 BEIJING

图书在版编目(CIP)数据

企业中的书面语研究：兼论书写语言学/ 郑立华，叶剑如著. — 北京：外语教学与研究出版社，2013.1
（语言学及应用语言学系列丛书）
ISBN 978-7-5135-2764-4

Ⅰ. ①企…　Ⅱ. ①郑…②叶…　Ⅲ. ①企业管理—书面语—研究
Ⅳ. ①H152.3

中国版本图书馆 CIP 数据核字（2013）第 014176 号

出 版 人：蔡剑峰
责任编辑：赵东岳
封面设计：覃一彪
出版发行：外语教学与研究出版社
社　　址：北京市西三环北路 19 号（100089）
网　　址：http://www.fltrp.com
印　　刷：紫恒印装有限公司
开　　本：650×980　1/16
印　　张：11
版　　次：2013 年 1 月第 1 版　2013 年 1 月第 1 次印刷
书　　号：ISBN 978-7-5135-2764-4
定　　价：32.90 元
＊　　＊　　＊
购书咨询：(010)88819929　电子邮箱：club@fltrp.com
如有印刷、装订质量问题，请与出版社联系
联系电话：(010)61207896　电子邮箱：zhijian@fltrp.com
制售盗版必究 举报查实奖励
版权保护办公室举报电话：(010)88817519
物料号：227640001

本书的研究和出版得到教育部人文社会科学重点研究基地重大项目（02JAZJD740008）和广东省"211工程"三期重点学科建设子项目（GDUFS211-1-008）的资助。

编委会

总 序

　　"语言学及应用语言学系列丛书"是广东外语外贸大学外国语言学及应用语言学研究中心（教育部人文社科重点研究基地）策划出版的一套丛书。

　　改革开放以来，我国迎来了科学的春天。1981 年国务院学位委员会把语言学和应用语言学列入学科目录，并开始逐步在我国建立硕士和博士学位授予单位。这是学科发展的需要，也是历史的必然。从《圣经》"通天塔"故事到今天网络的蓬勃发展，都说明语言和语言交往（包括语言的习得和教学）是人类社会不可或缺的一个极为重要的元素，也预示着语言学和应用语言学的强大生命力。语言和人类生活休戚相关，往往被称为人们身边的科学。每一个人都有学习和使用语言的经验和体会：就怎样使用语言而言，凡是受过教育的人大都可以判断哪些话可以或不可以这样或那样说；就语言习得而言，每一个没有生理障碍的人都经历过大致相同的过程，最后都学会了说话。至于怎样学另一种语言，大多数人也都有一些自己怎样学习的门道，有自己的话语权，可惜的是学习的结果似乎没有母语学习那么简单和显而易见，而是有成功有失败。这里面有些什么玄机呢？ Dave Willis （2003: 1-6） 在他的近著里指出：作为教师，我们看到学习是以一种难以预测的方式进行的，我们**所教的东西不一定就是 [学生所] 学到的东西**（What is taught may not be what is learnt）。而学生往往又会学到一些不是教师所教的语言现象。他曾做过一个小试验，把一个在职的师资培训班里的教师分为两组，让它们分别列出一年级学生和三年级学生最常犯的 10 种英语失误。事后再把失误加以比较，发现有 7 种竟然是完全一样的（例如不会使用冠词、第三人称动词的现在时态，不会使用 do 助动词来提问，等等）。这自然引起一些关于课堂教学的严重问题：教师是否真正用了 2 年时间才能减少 3 种失误？是否 3 年级学生并不比 1 年级学生好多少？我们怎样解释这种可怕的失败？ Willis 所提出的这些问题发人深思，一个简单的回答是：学习者在学外语的时候面临着和母语习得很不相同的问题，包括语言学习观、学习动机、学习态度、学习方法、学习策略、注意、智力、情感、学能等等因素。学习者的这些差异性在不同时候会在学习者的个体身上产生不同的作用。而另外一方面，我们作为实施教学的一方（从教育部门的领导者、组织者到教师等）往往以为**"所有的受教育者都是一样的"**（Skehan, 1998: 260-261），因而忽略了他们的差异性，只顾制定和使用统一的教学大纲、教材，提出统一的要求；连教师的培养都是为了**"巩固这些隐含的权力关系"**。

这个例子说明，应用语言学已经发展成为一门跨学科的科学，必须从语言学、心理语言学、社会语言学、神经语言学、语用学、语篇分析、教育学等角度去综合解决语言教学中所出现的种种问题。现再从语言学中的语言起源这一个特殊问题来说明其多学科性。大家都知道，巴黎语言学会曾于 1886 年明令拒绝接受关于语言起源的论文，因为虽然这个问题曾经不断激发许多代人的想象力、兴趣和注意，但是所有的研究都陷于无休止的、无结果的思辨性讨论。可是到了 20 世纪 50 年代以后，由于语言学家、认知科学家、脑神经学家、心理学家、分子生物学家、进化生物学家、解剖学家、人类学家、考古学家的共同协作，这个问题的研究取得了很大进展，大大地开拓了人们的视野。哈佛大学心理学家 Hauser、Fitch 和麻省理工学院语言哲学家 Chomsky（2002）在 *Science* 所发表的他们的语言机能新观（语言机能有广义和狭义之分，而狭义语言机能则只有递归）就是基于这些研究。在文章里，他们提出语言进化的比较方法——根据现存物种的实证性数据来详细地推断灭绝的先祖。这篇文章引起了一场热烈的讨论。Pinker 和 Jackendoff（2005）是他们的对立面，也提出很多甚有见地的看法。他们并不反对语言机能有广义和狭义之分，而且对 Hauser 和 Fitch 关于别的物种语言的相似性（analogs）和同源性（homologs）的研究表示赞赏。但是他们坚持主张语言是人类在进化过程中自然选择的结果，是为了适应交际的需要而产生的。他们也同样是在多学科的背景下展开讨论。并非针对 Hauser 等人的文章，而单独从不同的角度对语言和交际起源而展开富有成果的研究的，还有哲学家 Dan Dennett（1995）、生物学家 Richard Dawkins（1976）、Peter McNeilage（2008）、人类学家 Gordon Hewes（1973）、进化生物学家 Robin Dunbar（1997）、发展心理学家 Michael Tomasello（2008）等。

正是基于这种秉承**"质量高、彰显'新'"**（新议题、新视角、新观点、新方法等）的理念，广东外语外贸大学外国语言学及应用语言学研究中心组织了这套"语言学及应用语言学系列丛书"，第一个系列有 4 本著作，它们是《英汉双及物结构的生成语法研究》（何晓炜）、《计算机化考试研究》（曾用强）、《英语学习型词典研究》（徐海）、《词汇语用探新》

（冉永平）。从这几本新著来看，篇幅都不是很长（十多万字），但却要言不烦，有血有肉；少的是泛泛之谈、言不及义，多的是个人的实际观察和亲自试验。而且选题得当，又经过爬梳剔抉、信而有征，对推动我国语言学研究，起了添砖加瓦的作用。该系列丛书是一个开放的系统，希望通过第一系列的投放，能够吸引更多的作者的注意，踊跃支持该套丛书，使我国语言学研究能够绽放出更多的奇花异草，春色满园。

桂诗春
2012 年 8 月

序

　　20世纪30年代费孝通先生著《江村经济》一书，读者甚众，甚至成为欧美研究中国的扛鼎之作。何故？从此书中可观察彼时中国农耕文明背景下之社会、经济、政治情景，亦可侧视民情。郑立华、叶剑如两位先生所著《企业中的书面语研究：兼论书写语言学》一书可告世人，世界与中国眼下的工业文明到了何种程度。因为ISO 9000质量体系把世界贸易组织中的每一个成员捆绑在一起，而此书又是研究ISO 9000质量体系中的书面语使用状况的，从此书观察工业文明个案，是正当其事。世界文明的进程与书面语使用捆绑在一起，这真是一个新情况。因此，如果阅读此书的仅仅是社会语言学家与普通语言学家的话，那么此书的利用率未免太低了。我以为，凡是对人类文明进程感兴趣的读者，都可以读它。社会学家、历史学家、经济学家都可以从中得到他们想要得到的东西。更有甚者，上述三类学者比语言学家读此书更为恰当。这个价值，也许是原书作者所未曾料到的吧？

　　书面语是ISO 9000质量体系的运行载体，而ISO 9000一个广为人知的口号便是"写你所做的，做你所写的，提出证据"。这意味着，这个口号可看作现代工业企业之主要行动原则。而且，这种精神和原则，从工业企业扩展到别的行业，是大趋势。做着做着，写着写着，写改进了做，做又改进了写，书写亦即创造现实。本书多次指出这一点，不能不引起我们关注。

　　长期以来，我对形而上（理性，超物质形态的）如何与形而下（器、物质与技术形态的）结合的问题感到困惑。一个国家不能没有基础研究，更不能没有技术性的研究。语言学如何实现这种结合，不是没有人思考过、实行过，不过这本书的作者让我们看到了另一条走得通的路。"我们感兴趣的，不是语言如何反映社会现实，而是语言如何创造社会现实。"作者在书中真的让我们看到了这一点。这对于索绪尔语言学传统（为语言而语言）来说，是一个新课题。"本书并无意问津书写语言学的学科建构问题，而只是期冀通过对企业中书面语的研究，提出有别于当前语言学主流倾向的一些新思路。"这个新思路，我们是看到了。作为一个研究语言学的学者，我以文化多元之心，赞成这种新的思路。

有些书立意不错，可惜细节不配合。这本书中，多处细节让立意生光，我很佩服。例一，作者立言不偏颇。第七章的第四节的结语中，有云"从口里出来的语言可以是随意的，也可以是正规的。书面语言也同样如此。这些都随着具体交际的需要或情景而变化，并非口语和书面语的内在属性。"作者是在研究书面语，却并不把书写吹得高盖一切，他们的态度是写此不贬彼。从这一态度，可以让人放心地相信其余的叙述也是实在可信的。另一处，是作者行文，不乏灵气。例如，作者先是把郑立华自己的名片正面印在书上，笔触一转，说到书面语的形态变化与空间布局的结合。这时，书上再印上一词序完全打乱了的"名片"，读者深感突兀。就在这儿，行文如下："虽然（名片）看起来有点困难，但借助书面语的形态特征，我们能够辨认字与字之间的关联，区分不同的格子。从这里我们可以看出，书面语的形态特征不仅参与格子的区分，（因为名片上不同的格子使用的字体不一样，字体的大小也有差异）而且对格子内部有整合的作用。正因为这样，我们在将名片各个部分调乱位置之后仍然可以恢复原状。"突兀之后是有序。这样的处理看起来是灵机一动所得，其实还是作者创造手段丰富所致。

纵观全书，以我之触及，处处发现不凡的见解，如工作环境中的语言并不是一个自我封闭的、静止的符号世界（第一章）；企业中的语言是一个被遗忘的角落（第二章）；言语活动置身于机器设备的大环境中（第二章结语，让人们联想起早期的英美工业化时期，工人不是像螺丝钉一样被钉在机器上吗？）；ISO 9000 质量体系的"写你所做的，做你所写的，提出证据"的原则推动了企业中人际关系的变化和管理模式的变革（第三部分）；对"工业化的历史首先是企业中的书面语的历史"（第六章）的事实论证；"ISO 9000 质量体系给企业带来的是一种新型的书面语"（第八章，注意：新型的书面语会给语用学研究提供大量研究文本，却有宝无人挖）；第九章指出书面语对行为的改造、使描述变为规范又使规范产生力量；"真正起作用的，并不是书面语本身，而是书面语背后的人"；"ISO 9000 质量体系进入中国企业，既是中西文化之间的碰撞，也是现代管理思想与传统管理思想的较量"（结束语）——所有这些见解不是随随便便能写出来的，是思，是辩，知与思兼，触一而及十也。

好书总能引起超出书外的思考。此书亦如斯。ISO 9000 质量体系中的书面语使用状况，仿佛把我们带进了一个又一个非常庞大的现代化企业之中。现代的工业文明可以说是现代人类文明的主体。文明本身走到这一步，是该为它毫无保留地欢呼，还是有所保留地思考？显然，问题尖而沉。感谢作者提醒，但我们却无权要求这本书提供那样沉重的答案。

　　作者索序，敢不用功欤。愧甚，不宣。

钱冠连

2011 年 12 月 8 日

前　言

　　本书是教育部人文社会科学重点研究基地重大项目——"社会语言学研究：ISO 9000 质量体系中的书面语使用"[1] 研究成果的一部分。

　　我们之所以选择 ISO 9000 质量体系作为切入点，主要有三个原因。首先，中国自 2001 年 12 月 11 日正式加入世界贸易组织（WTO）以来，如何面对经济全球化带来的机遇和挑战成为了中国企业普遍关注的问题；其次，以 ISO 9000 质量体系为依据实行质量认证制度已经成为公认的具有权威性的国际惯例。能否按照 ISO 9000 的标准建立企业质量体系并取得第三方认证证书，已成为贸易谈判和国际重大工程项目投标签约的先决条件之一；最后，ISO 9000 质量体系与书面语有密切的联系。该体系的核心便是将其认为有效的管理手段和方法予以制度化、规范化，形成一套完整严密、统一协调的质量体系文件，从而使各项行为有据可依、有章可循。书面语是 ISO 9000 质量体系的运行载体。而 ISO 9000 一个广为人知的口号便是："写你所做的，做你所写的，提出证据"。由此可见，书面语贯穿了整个质量体系建立和实施的过程，它既是质量管理行为的形式与载体，又是该行为的具体反映。这就为我们社会语言学研究者提供了很好的实验场地。

　　被誉为"西方传播学巨匠"的麦克鲁汉（McLuhan, M. 1911-1980）早在 20 世纪 60 年代就提出"媒介即讯息"的观点，认为媒介不仅仅是信息、知识、内容的载体，而且对信息、知识、内容有强烈的反作用。它是积极的、能动的，对讯息有重大的影响。它决定着讯息的清晰度和结构方式（何道宽，2001：205）。对麦克鲁汉来说，任何一种新的发明和技术都是新的媒介，都是人的肢体或中枢神经系统的延伸，都将反过来影响人的生活、思维和历史进程（同上：208）。在此之后出现的新兴媒介——因特网有力地证明了上述观点。英国人类学家古迪（Goody, J.）发展了麦克卢汉的理论。他在《书写思维》（1979）一书中指出，"交际形式的任何变化都必然对交际内容产生影响"（1979：46）。书面语的交

1　项目批准号为 02JAZJD740008，项目结项号为 07JJD0026。项目历时五年（2003-2007）。课题小组的成员是：郑立华、叶剑如、牛巧霞、刘巍、陈莉、彭郁、王淑艳。

际创造了一种书写理性，在改变个人的同时也改变了社会，并在社会技术演变、文化的构建与传播中扮演着重要的角色。他指出："社会结构是传播行为的背景，所以非常重要。但是，我们现在称之为'科学'的每一个决定性发展阶段都是随着传播技术的重大变革而来的。这绝非偶然。例如：巴比伦的文字，古希腊的字母，西欧的印刷术"（1979：107）。他同时认为，"行政机构权力的上升在很大程度上靠的是书面语交际所提供的管理的种种可能性"（同上：55）。我们的研究所依据的正是麦克鲁汉和古迪的观点。我们的中心问题是：书面语如何在质量体系中发挥作用。我们研究的重心不是书面语的形式，而是书面语的社会功能。我们感兴趣的，不是语言如何反映社会现实，而是语言如何创造社会现实。国内的语用学和社会语言学研究借鉴了国外的理论和方法，大都承袭了重口语轻书面语的传统。在语言与社会这一对关系上，也偏重于社会对于语言的制约而往往忽视了语言及语言使用对于社会的反作用。虽然也有学者主张把长期被忽视的语言主体——"社会的人"引进语言学，研究"人"是如何运用语言来满足交际需要、建立和调节人际关系的（王德春等，1995：5），或强调"社会人文网络"对语言的作用："从社会语境对语言符号的干涉中，我们看语用学，它简直就不是符号体系上的事，而是与人有关的语境体系上的事（即社会人文网络上的事）"（钱冠连，1997：338）。但是，交际形式（书面语或口语）如何影响交际本身以及社会现实（如人际关系、管理方式等）的构建这一课题，目前尚未真正引起学者们的充分关注；深入企业研究工作环境中的语言使用情况的人更是少之又少。我们希冀通过研究企业中书面语的使用，进一步开拓语言学研究的新思路。

国内有关书面语的研究大都从口语与书面语的关系出发谈论书面语文体学上的特征。有两个倾向值得我们注意：一是从文体结构出发认为书面语优于口语，因为口语粗糙而不严谨，生动而不规范。口语是书面语的胚胎，而书面语则是口语的加工形式（高年华、植符兰，1982）；二是从口语的角度出发考察口语和书面语，结果认定口语是交际的代表（谢明，1999；赵蓉晖，2003）。事实上，口语与书面语的不同之处如前文所述，其两者各有千秋，很难泛泛而论其等之优劣，而这也是国内不少学者的观点（姚亚平，1991；杨晖，2002；李绍林，1994；陈建民，1991）。从认知的角度出发，书写也是一种思维形式，因为"写"把存在于作者头脑中混沌一团、瞬刻即变的思维内容外化为清晰可辨的、线性展开的、有条理的文字（张南平，1994）。此外，口语和书面语形式上不同，功能上也有差异（成方志、张锦辉，2004）。书面语交际中参与者之间的互动也与口语迥异（张侨辉，1995）。

纵观语言学发展史，我们不难发现，西方的"语音中心主义"基本上占据了主导地位。法国社会语言学家卡尔维（Calvet，L-J.）认为，由于现代语言学是从音位学发展而来，所以，从音位学的观点出发看问题是现代语言学的基本特征。对于文字也一样，"语言学用音位学的眼光来看文字"（Calvet，1996：11）。有鉴于此，国外有学者提出必须建立一门有别于口语语言学的书写语言学："西方哲学家雅克·德里达也曾提出要建立一门书写语言学。他在《书面语言学》、《文字和差异》、《声音和现象》等著作中提出：不应把写作看成是语言的外在'服饰'或声音的简化。世界不是限于和决定于一种以语音为中心的意义模式。通过对书面语言的分析有助于发挥'意义'潜能，因为书写不是言语的影子，而是关于语言本质的模型"（申小龙，2003：403）。本书并无意问津书写语言学的学科建构问题，而只是期冀通过对企业中书面语的研究，提出有别于当前语言学主流倾向的一些新思路，同时希望通过实地调查研究的发现，抛砖引玉，引起学者们对书写语言学理论问题和实践问题更多的关注与思考。

法国历史学家德韦尔谱（Dewerpe，A.）在总结西方工业化历史时指出："劳动的历史，特别是工业化过程中劳动的历史，首先就是书面语的历史"（Dewerpe，1992：11）。这句话从某个角度反映了书写在工业化过程中的重要性。近十几年来，随着质量认证体系的推广，书面语在企业的组织与管理中发挥着越来越重要的作用，有人认为它成了"就像机器一样的工具"（Mispelblom Beyer，1999：201）。工作中的书面语成为人们一个新的关注点。值得我们注意的是，在国外，对企业中的书面语进行研究的，不仅有语言学家、人类学家，而且有管理学家、心理学家等；研究也并未局限于某一学科，而是进行多学科和跨学科的合作。这是因为，在工作环境中，由于书面语的特殊性，任何一门学科都无法完全独立地解决遇到的所有问题。国外学者关于书面语的一些研究成果对我们有直接的启发，如布泰（Boutet，J.）的"工作中的语言"（1995）和"工作语言学"（2001）、弗拉昂凯勒（Fraenkel，B.）的"留下痕迹——工作中书面语的一个特殊功能"（1995）、拉科斯特（Lacoste，M.）的"语言、工作与情景"（1995）等。他们从不同的角度来研究工作中书面语的形式、产生的过程以及社会功效，研究企业中书面语与工作之间的相互影响。有些研究成果则与 ISO 9000 质量体系中的书面语使用直接相关，如科舒瓦（Cochoy，F.）等人的"书面语是如何改变一个企业的——以 ISO 9000 为例"（1998）、德尔康布尔（Delcambre，P.）的"书写与工作交际"（1997）等。这些研究表明，在日益走向理性化的企业管理中，书面语正发挥着越来越重要的作用。ISO 9000 质量体系的推广使人们重新注意到一度被忽视的书面语的威力，这一体系中书面语的使用向语言学及其他相关社会学科提出了挑战，迫使人们重新认识并研究书面语。

为了了解书面语在企业中的作用以及中国企业实施 ISO 9000 质量体系的实际情况，课题组深入企业进行调查研究。我们采用的是深入访谈与现场观察相结合的方法。

访谈对象是在已通过 ISO 9000 质量体系认证的企业里工作的人员。我们共做了 38 个访谈，受访者中有男性 26 人，女性 12 人，法国人 5 人，意大利人 1 人，包括总经理、部门经理、工程师、质检员、操作工等。共涉及 22 家企业，其中国有企业 16 家、外资企业 4 家、合资企业 2 家。这些企业分属不同的行业并散布在中国的不同地区。

深入访谈属于质的研究。"质的研究是以研究者本人作为研究工具，在自然情景下采用各种资料收集方法对社会现象进行整体性探研，使用归纳法分析资料和形成理论，通过与研究对象互动对其行为和意义建构获得解释性理解的一种活动"（陈向明，2004：31）。从这一定义中，我们可以看出，"获得解释性理解"是质的研究方法的目的。这一方法的理论基础是解释主义。后者来源于象征互动主义（symbolic interactionism）和现象学（phenomenology）。这种方法"强调对事物进行深入细致的调查研究，再现当事人的视角，以描述和解释为主"（陈向明，2004：34）。我们认为，这种方法对于我们的研究目的是合适的，因为我们的研究需要回答以下的问题：人们是如何认识书面语的？书面语在企业的使用情况如何？企业实施 ISO 9000 的过程中碰到了什么困难？ISO 9000 给中国企业带来了什么变化？这些涉及"怎么样"和"为什么"的问题难以通过定量的方法找到答案。而且，我们的研究重点是挖掘当事人对问题的真实想法。所以，深入访谈是一个比较可行的方法。

当然，访谈也有其自身的局限性。当问题涉及具体操作时，我们得到的是被访对象讲述的第二手素材，而不是直接观察得到的第一手数据，因而其真实性难以判断。例如，当问及"你如何按写的去做？"时，被访对象向我们描述他的做法，但这并不等于在实际工作中他就会按照说的去做，因为说与做之间往往会有一定的差距。为了弥补访谈的不足，我们采用实地观察法进行补证。为此，课题组的两个成员以实习生身份到一家法资企业工作了 3 个月。这家企业的分包商都是中国的工厂，该企业基本上是以 ISO 9000 的标准对分包商进行挑选、控制以及质量验收的。随后，我们又深入到通过了 ISO 9000 认证的 3 家企业进行实地考察，并拍摄了照片。实地观察使我们获得了具体的、生动的和真实的第一手材料。

我们始终认为，语言是服务人类的。带有很强实践性的社会语言学必须尽量地理论联系实际，解决社会现实中出现的问题，为社会做出贡献。

本书共四部分。第一部分是绪论，分两章进行阐发：第一章旨在分析企业工作环境中的语言特点；第二章主要讨论工作环境中的语言研究思路。第二部分以"书写语言学"为题，包括三章内容：分别探讨"口语与书面语的差异"（第三章）；"口语与书面语的关系"（第四章）和"书面语的物质载体"（第五章）。第三部分围绕"书面语与质量管理"分五章展开：先从历史的角度论述书面语与质量管理的关系（第六章）；然后对企业中的书面语进行分类（第七章）；接着分析 ISO 9000 质量体系给企业带来的新型书面语（第八章）和管理上的变化（第九章）；最后指出书面语作为管理载体的局限性（第十章）。第四部分是书面语使用的跨文化分析，分三章对"书面语观念与书面语使用"（第十一章）、"交际方式与文化选择"（第十二章）和"签字的中西方差异"（第十三章）三个主要内容进行阐释。

最后，我们要感谢课题组的其他成员：牛巧霞、刘巍、陈莉、彭郁和王淑艳。他们为完成课题的研究付出了辛勤的劳动。同时感谢博士生黄秋凤、张洁、夏高琴和林凡，他们对本书的文字做了认真细致的修订工作。我们还要感谢接受我们采访的人员。没有他们的配合，我们很难取得上述研究成果。特别感谢接受我们实地观察的企业的负责人，因为并非所有的企业家都能乐意接受外人进入企业内部进行调查研究。最后我们还要对钱冠连教授致以衷心的感谢。钱教授不仅审阅了全书，提出了非常宝贵的修改意见，而且欣然提笔为本书作序。

郑立华　叶剑如
2012 年 11 月

目 录

第一部分 绪论

第二部分 书写语言学

第四部分　书面语使用的跨文化分析

第一部分

绪论

　　这部分分两章。第一章旨在分析企业工作环境中的语言特点；第二章主要讨论工作环境中的语言研究思路。

　　纵观语言学的发展史，我们不难发现，语言学（包括社会语言学）长期以来忽视对工作环境中语言的研究。企业中的语言因其使用环境的独特性，与日常生活中的语言相较往往显现出诸多差异。在企业里，语言一方面受到一系列与企业密切相关的生产或非生产活动的制约，另一方面又在这些活动中起着计划、组织、协调、引导等不容忽视的作用。

第一章
语言在企业中的功能及其特点

近十几年来，随着科学技术与经济的发展，企业中的语言使用发生了翻天覆地的变化，语言在企业中的作用也日益显著。这促使我们不得不认真思考语言在企业运作中所起的作用以及企业环境中与日常生活环境中语言的差异，以便开辟语言学研究的新途径。

第一节 企业发展的新趋势

随着科学技术的发展以及企业内部自动化和信息化程度的提高，语言在企业中的地位、角色和作用发生了根本性的变化。这些变化具体表现在如下几个方面：

第一，生产过程日益信息化。一些以前靠人力完成的工作现在通过看电脑屏幕，按几个键就可完成。与工件的直接接触变成了远距离的遥控；符号的使用代替了手工运作；生产过程也由以体力劳动为主转向以脑力劳动为主，以经验主导转向以知识主导。总而言之，承载信息的语言变成了一种生产的手段。这一变化对企业的影响非同小可。首先，企业对工人的能力提出了新的要求：某些重视身体素质的岗位被强调知识技能的岗位所取代。其次，企业培训工人的方式也发生了变化：师傅带徒弟的模式已成为过去。个人经验被总结成了文字，变成了企业的共有知识，用于培训新的工人；再次，企业生产效率日益提高，所需要的人力也越来越少。

第二，以语言为重要工具的第三产业迅速崛起。这是世界经济结构的一个重大变化。在第三产业中，人们直接打交道的不是原材料，也不是机器，而是作为服务对象的人。语言是重要的工作工具，而言语交际则构成了工作的主要形式。在某些服务行业，如旅馆、商场、航空等，善于与顾客交流是从业人员的基本要求之一。更有甚者，一些从事电话咨询服务以及机场或车站资讯服务的人员，其工作就是与服务对象说话。或者确切地说，他们的工作以语言为主要工具，以提供信息为主要内容。在这种情况下，交际的作用发生了根本的变化。交际不再仅仅用于协调工作，而变成了工作的核心，甚至构成了工作的主体。交际质量的好坏直接影响到企业的利润。所以，有社会学家把第三产业中的语言称为"一种新的生产形式"（Zarifian，转引自 Boutet *et al.*，1995：21）。有关人员的交际能力自然地成为其业绩评估的重要依据。在工厂，质量管理的重要环节在于"你是怎样做的"；而在服务行业，服务质量的好坏则取决于"你是怎样说的"。如何把握交际的要素，如"在什么场合说什么话"、"说多少话"、"如何说"、"眼神体态如何配合"等已经成为服务行业质量体系认证的主要指标。

第三，传播的信息化程度不断提高。信息技术的发展改变了企业内部的传播模式和合作模式。电脑的普及使显示屏代替了纸张文件；企业内部网的建立使很多信息的交流在网络上完成；电子邮件的使用使上下级之间，部门之间，甚至企业之间的部分交际直接在网上完成，在便捷之余，更使部分交际信息变得有据可查。

第四，沟通与协同日益成为企业的生命线。瞬间即变的国际国内环境更加突显了信息交流的重要性。企业要生存与发展就必须对市场的细微变化做出快速的反应。而要做到这一点，信息沟通与人际协同至关重要：首先信息在企业内部必须迅速传递与分享，然后企业内部不同部门之间才可以协同分析并及时做出正确的反应。

第五，书面语在现代企业管理中作用日益突出。当今世界，企业管理的形式化、规范化和理性化日趋明显。其起因是企业管理中加强了书面语的使用，其结果则是书面语控制了企业管理的各个环节，在企业运作中起着举足轻重的作用。做计划、发文件、写报告、填表格、写出会议纪要等，书面语无处不在。而 ISO 9000 质量体系则将书面语在企业管理中的地位推到了顶点。这一管理体系的口号是："写你所做的，做你所写的，提出证据"。它要求企业把一切的工作都写成文字，形成文件，然后严格按照文件所规定的去做。企业通过书面语对生产环节进行管理，并在每个环节都留下"痕迹"——各个生产环节负责人的签字，以便在出现问题时，可以循迹追踪，迅速查明原因。

第二节 语言在企业中的功能

雅柯布逊（R. Jakobson，1896-1982）在他的《语言学和诗学》中，提出了语言的六大功能：所指功能（传达信息）、诗学功能（完全就语言而语言）、感情功能（表达态度、感觉和感情）、意动功能（通过命令和恳求去说服和影响他人）、交感功能（与他人建立交流）和元语言功能（弄清意图、词语和意义）（1960，转引自胡壮麟，2002：8）。韩礼德（Halliday，M. A. K.）则指出语言有七种功能，即工具功能（instrumental）、控制功能（regulatory）、表达功能（representational）、互交功能（interactional）、自指性功能（personal）、教导功能（heuristic）和想象功能（imaginative）（同上：8）。英国哲学家奥斯汀（Austin，J. L. 1911-1960）从语言哲学的角度，又提出了语言的施为功能。我们根据语言在企业工作环境中的特殊性，从三个方面来讨论语言在企业运作中所发挥的作用。

一、语言在企业中的工具功能

企业的所有活动几乎都离不开语言。语言在企业中的工具功能主要体现在如下三个方面：

1. 语言是信息传递的载体。企业的运作离不开信息的交流，如领导层的决定、生产指令、与企业运作有关的情报等。准确性与有效性是信息交流的基本要求。其中，准确性取决于各方交流是否畅通或是否有多方核实，有效性则取决于信息能否以合适的形式、在合适的时间被传送到合适的地方，传递给合适的人。在这一过程中，语言无疑起到非常重要的作用。

2. 语言是协调工作的手段。企业运作一方面讲求"各司其职，各尽其责"，另一方面又讲求相互协作以期获得最佳的效果，而协作恰恰是通过言语沟通来实现的。正如法国社会学家吉兰（Girin，J.）所言，"活动的协作——不管是经济的活动或是非经济的活动——总是有求于语言"（Girin，2001：174）。离开了语言的支持，所谓协作只不过是镜花水月而已。协作的内容涉及企业的方方面面，如任务分工、工作布置、工序安排等；协作的范围无所不包：小至两个工人之间的配合，大至企业各部门之间的联合行动，乃至企业与外界的交流，如谈判、订合同、打官司等；协作的渠道可以是书面文件或内部网络，也可以是会议，但更多的是面对面的交流。

3. 语言是工作的一种形式。在企业中，语言与工作难分彼此。有时，说就是做，说的过程就是做的过程。如几个人在合力抬一个箱子时，一起喊"123"。这时，"123"在被发出的同时完成了协调动作的任务；有时，说话本身就是在工作，语言变成了工作的一种形式。如班组长口头布置任务、秘书通知开会等。甚至在某些行业，工作主要是通过语言（包括口语和书面语）来完成的，如律师、顾问、心理医生等。

二、语言在企业中的认知功能

这里的认知功能并不是指语言对于个体的认知发展所起的作用，而是指语言在社会互动中帮助人们共建意义和共构知识的功能。企业的工作必须通过人与人之间的合作来完成，而合作的前提是各方取得共识。从对工作性质及目的的认识，到具体工作方案的理解，这一切都需要合作者认知上的一致。语言恰恰就是认知活动的载体（Lacoste，2001b：323）。语言在企业中的认知功能具体表现在如下三个方面：

1. 语言帮助人们共建知识。说话、书写的过程是理清思路、获取或交换知识的过程。人们通过说理、辩论、讨论等方式，澄清认识，交换看法，相互传递知识。ISO 9000 提出"写你所做的"，运用的正是语言的这种认知功能。它希望通过每个人描写自己的工作、归纳和总结个人的经验，使个体的知识变为一种企业的集体记忆，从而达到建立企业集体知识的目的。此外，企业中知识与技能的学习与传递（包括新老员工间的经验传授、不同部门之间的知识交流以及企业集体知识的积累）也都离不开语言。

2. 语言帮助人们共建意义、理解情景。企业工作是一种人类活动。人类不像动物一样会直接地受制于情景的刺激，也不像机器人一样会被动地按事先编制好的程序做动作。人的活动离不开对情景的定位和对意义的掌握。在企业中，情景的理解体现在以下几个方面。首先，员工对生产目的、工作工具、操作过程等必须有基本的认识；其次，员工必须了解所处的环境，周围的人与物；最后，员工必须能根据自己对计划及规程的理解，对复杂多变、充满不确定因素的各种情景作出反应和判断，采取合适的措施。没有对情景的理解，便不会有生产活动（Lacoste，2001a：24）。理解情景的渠道是多方面的，可以通过眼看耳闻，或阅读文件资料，或与他人沟通、交流来进行。在理解的过程中，语言扮演了重要的角色。

3. 语言被用来描述或评论工作。企业离不开制订计划或修改计划。计划的制订实际上是在对工作做超前的描述，制定者必须提出合理的依据；计划的修改同样必须有充分的理据支撑。这两项工作常常是通过书面语来实现的。其次，尽管企业里有专门监控生产的部门，但人们少不了要对同事或下属的工作作这样或那样的评价。这一过程主要依靠口语或书面语来完成。

三、语言在企业中的社会功能

企业虽是生产的地方，但说到底也是一种社会环境，同样离不开人与人之间的接触。而有人群的地方，就有互动，就有交际。帕洛阿尔托学派（Palo Alto Group）[1] 认为："在互动中，一切都是信息"（Watzlawick *et al.*，1972：46）。也就是说，当两个人走到一起时，他们之间的一切就都有了交际的意义。在这种情况下，"不管你愿意与否，你不能不交际"（同上）。美国社会学家戈夫曼（Goffman, E. 1922-1982）也说："一个人可以缄口不语，但他不能不交际"（Goffman, 1981：269）。美国心理学家舍格弗伦（Scheflen, A. E. 1920-1980）把交际定义为一种行为系统。该系统对人与人之间的关系进行归类、调节与维护，从而打通人际之间的交往渠道（Winkin, 1981：157）。舍格弗伦的这个定义突出了交际能动的一面，强调了交际对于调节人际关系的作用，把交际视为人们维护社会秩序的一种重要形式。在工作环境中，语言的社会功能主要表现在三个方面：

1. 语言是人际关系的调节器。一方面，由于语言使用受到人际关系的制约，所以，语言使用本身就反映了一定的人际关系；但另一方面，语言使用的过程也是构建新的人际关系的过程。例如，法国的一项调查表明，工人有时把车间里的质检人员称为"检查员"（contrôleurs），表示他们与老板是一个阵营的。该称呼含有敌视的意味；有时工人称他们为"检验工"（travailleurs de contrôle），表示他们也是工人的一分子，这是一种友好态度的表达（Boutet, 2001：189）。法国社会语言学家布泰指出：

---

1 Palo Alto 是美国加利福尼亚的一个城市。20 世纪 50 年代在该城的行为科学研究中心（the Center for Advanced Study in Behavioral Sciences），一些精神病学家、人类学家、语言学家经常聚集在一起，对人类交际开展合作研究，提出了很多新的观点，自成一派，对后来的交际研究以及精神分裂症研究产生了巨大的影响。

"词语并不仅仅被用来指称世界上的事物，而且也被用于社会交往策略之中"（Boutet，2001：189）。

2. 语言是身份认同的象征。在企业里，一般来说，同一阶层的人有共同的语言，如相同的词汇和类似的讲话方式等，而一定的言语特点反过来往往也成为某一集体身份的标志。是故，工作环境中的语言是集体身份认同或构建的一个重要途径，也是增强集体凝聚力的一种有效手段。

3. 语言是沟通情感的桥梁。企业里，人们一起劳动，碰到问题时一起研究讨论。在这一过程中，交际是增进相互了解、加深彼此感情、建立双方信任的重要途径。越来越多的事实证明，以前被"泰罗制"称为浪费时间的聊天，其实是工人缓解心理压力、疏散负面情绪的渠道。"没有时不时地与人沟通，讲讲话，即一定的社会与集体氛围，工作的效率会大大低下"（Lacoste，2001a：51）。

可见，在企业中，语言具有突出的工具功能、认知功能与社会功能。在具体的环境中，这三种功能实际上常常相互交错，相互依赖，甚至相互转换。我们可以从三个方面来分析语言在企业中的各种功能间的互动。首先，一个言语行为同时具有多种功能。例如进行质量检查时，言语交际过程本身就是履行工作职责（质检）的过程，同时又是描述、评价工作的过程，中间还免不了人际关系的调节。其次，某种功能的实现往往离不开其他功能的配合。例如，指挥吊车的工人发出"停"的指令。这一指令要起作用，必须得到吊车司机的理解、认可与配合。最后，有些言语行为，在不同的阶段发挥着不同的功能。例如，ISO 9000 质量体系要求人们把所做的工作写下来。而书写正是理清思路、整理知识的过程，因为需要相关人员讨论、分析、对比，梳理出最合理的操作规范。这一过程主要是语言的认知功能在发挥作用。写下来的文字一旦成为操作规范变成管理的参照物，语言在实际操作中的工具功能便展现出来了。

第三节 企业工作环境中的语言特点

企业工作环境中的语言有别于日常生活中的语言，两者所处的环境不同，其使用的目的也有差异。企业是一个生产场所，周围除了同事之外，还有众多的设备。另外，在工作环境中，大家各司其职，会话的实用性及指向性非常明显。因此，工作环境中的语言常常具备以下特点：

一、言语活动受制于企业情景

根据语言学家西古雷尔（Cicourel，A.）（1987）的观点，影响交际的情景因素除了看得见的环境要素外，还有看不见的背景要素，即隐藏在背后的社会文化知识（转引自 Lacoste，1995：41）。工作环境要素对言语活动的影响是显而易见的。

其一，言语活动处在一种与日常生活迥然不同的工作情景之中。首先，作为生产活动的场所，企业里有各种机器、设备、办公用品、工具、文件等。身在其中，人的话语行为与平时不同。例如，因环境嘈杂，说话人的嗓门提高，辅助动作增多。其次，企业里的每个人一般都有相对固定的工作岗位，而且不能随便离开，这就使参与交际的人难以保持一般交际中正常的人际距离。最后，因为工作的缘故，会话的连贯性往往难以维系。

其二，背景要素对交际的影响也很明显。其中除了社会因素（如地位、年龄、性别等）外，还有一系列与工作相关的因素。首先，工作任务的性质以及员工的技术熟练程度会导致各人交际内容与方式的差异。其次，企业性质与企业文化也会给交际打上"企业"的烙印。例如，一项在法国一家医院的研究表明，管理理念会直接影响交际模式的选择：在注重理性管理的科室里，交际表现出专业化的特征。领导会要求下属讲话清晰明了，介绍或分析情况时要客观公正，用词专业化，发言次序分明，称呼严肃正规等；在强调人际关系和睦的科室里，交际偏向于人际情感表达，表现为用词简单、谈吐随便、称呼平等、随意插话等（Lacoste，2001a：48）。

二、各种交际符号相互渗透

日常会话是一种口语交际。参与交际的符号主要是语言符号、副语言符号（如语音、语调等）和非语言符号（如表情、手势等）。这些符号有一个共同点，那就是它们都是从交际参与者身上发出来的。在工作环境中，除了交际参与者身上发出的符号外，周围的各种书面符号，如机器边上的操作说明、操作记录、工作手册、小白板上的规章制度、企业内部通讯、小纸片、备忘录、图表等，也都可以以某种方式参与交际。

企业中，各种符号交叉互动，形成一个独特的"符号空间"（Boutet, 1997：167），而交际则呈现出全方位的特点。原本没有意义的物品可能因为参与交际而获得了意义："由于与符号发生联系，而且影响人们对符号的理解，所以，这些非符号因素也都获得了符号的意义"（Grosjean, 2001：165）。例如，通过哪种物质载体（电话、电脑、纸或黑板）传播一个信息不完全，且随意的。同样一条信息，通过电话或书面的形式传播，有时会有截然不同的意义。即使选定了书面的形式，纸质、颜色、纸张大小、字体、排版等也会进一步影响到信息传达的效果。所以，有学者指出："载体直接参与了意义的构建"（Fraenkel, 2001a：124）。

另外，工作环境中口语和书面语有时会互相渗透，具备对方的某些特征，相辅相成，这在日常交际中并不常见。以会议为例。在发言的时候，口头语言显然占主导地位，但书面语言也在其中发挥着重要的作用，发言者常常需要借助书面提纲，这在日常会话中是没有的；另外，发言者借助幻灯演示时，幻灯文字多少会改变口头演讲的结构与方式；而且与会者的发言常被要求简短、清晰、不重复，这些要求与书面语言的特征非常相似。这样的发言可以说是书面语言的一种口头表达。

三、"说"与"做"难解难分

在日常交际中，会话参与者也会有一些属于"做"的动作。但这些动作一般是作为辅助手段（非语言符号）参与交际的。在工作环境中，人的多种感官同时加入交际，出现"多层参与"（Lacoste, 1995：38）的情况。工作中的"说话"常常是与"做事"联系在一起的，而且，"说"与"做"往往难以被清晰界定。有时"说"本身就是"做"，如秘书打电话通知开会；有时"做"就是"说"，如护士在打针时说："把手伸出来，握紧拳头，再紧一些……很好"，配合护士这句话的是病人的动作。如果病人没有配合，这句话就说不下去了；有时"说"伴随着"做"，如工头边挥手指挥吊车，边说"向这边"、"低一点"、"放下"。这里如果脱离了"做"，"说"便失去了意义，而没有"说"，"做"又难以独立完成；有时"说"与"做"交叉进行。例如，一个在服务窗口工作的售票员，可以一边听顾客讲话，一边看着电脑屏幕回答或打字，耳目手口并用，"说"与"做"难解难分。

第四节 小结

综上所述，企业中的语言，不仅具有"评论"工作的功能，而且具有"参与"工作的功能。语言，由于与工作的密切关系，已构成企业运作的一个有机组成部分。企业里的一切，包括人员管理、行动协调、指令传达、规则理解、命令执行等，都离不开语言。在企业工作环境中，语言具有突出的工具功能、认知功能与社会功能。工作环境中的语言并不是一个自我封闭的、静止的符号世界，而是一个开放的、多变的和多层次的复杂系统。在这个系统中，不同的符号交错在一起，共同对言语活动产生影响；企业环境中的语言一方面受到一系列生产或非生产活动的制约，另一方面在这些活动中又起着计划、组织、协调、引导等不容忽视的作用。言语活动与工作环境构成一种互为补充并相互制约的关系。

第二章
企业工作环境中的语言研究

　　尽管语言在企业的运作中很重要，语言与工作也有着非常密切的联系，然而，纵观语言学发展史，我们不难发现，企业中的语言是一个被遗忘的角落。语言学，包括社会语言学，长期以来忽视了对与工作联系在一起的语言的研究。

第一节　语言学与企业中的语言

　　语言学可以说是从对书面语的研究开始的。考古发现，公元前 5 世纪，在古代印度就有关于对《吠陀经》研究的记载。此后到 18 世纪长达两千多年的语言研究，被称为传统语法研究阶段，其对象主要是文献资料。19 世纪兴起的历史语言学从某种程度上可以说继承了以书面语为研究对象的传统，带有浓厚的语文学色彩，所以也被称为比较语文学（comparative philology）。历史语言学家通过考订不同时代的文献和比较各种语言在不同时期的语音、词形、曲折变化、语法结构上的相同特点来建立语言族系，如拉丁语系、罗曼语系、日耳曼语系、斯拉夫语系等，并对这些语系的始源语（parent language）作出假设，如原始印欧语（pro-indo-european）。20 世纪初由索绪尔（F. de Saussure，1857-1913）开创的现代语言学强调对口语和"活"的语言的研究。索绪尔批评语文学考订"太拘泥于书面语言，忘却了活的语言"，而且"吸引它的几乎全都是希腊和拉丁的古代文物"（索绪尔，[1916]1982：18）。他把语言定义为"听觉形象和概念"的结合（同上：36），认为"语言学的对象不是书写的词和口说的词的结合，而是由后者单独构成的"（同上：47-48）。同时，他又区分"语言"和"言语"，认为语言是言语活动中具有社会性和系统性的部分，而言语则是个人的和或然的；语言是语言共同体的成员约定俗成的，而言语则只是个人为了交际需要而使用语言的结果。所以，"语言学的唯一的、真正的对象是就语言和为语言而研究的语言"（同上：323）。但是，索绪尔同时又认为必须通过文字来研究语言，因为"语言既然是音响形象的堆栈，文字就是这些形象的可以捉摸的形式"（同上：37），"言语活动往往不是人们所能观察得到的，因此，语言学家就应该注意书面文献，因为只有书面文献才能使他认识过去的语言或远方的语言"（同上：26）。语言学家所依托的研究对象依然是书面语："我们一般只通过文字来认识语言。研究母语也常要利用文献"（同上：47）。前苏联著名语言学家巴赫金（Bakhtine, M. 1895-1975）认为：由索绪尔开创的结构主义语言学其实并没有摆脱语文学的传统（转引自 Borzeix & Fraenkel, 2001a：89）。语言学家虽然不再研究宗教文本，但他们的研究素材仍然主要是文学作品或报刊等书面语材料。我们可以这样说，索绪尔的语言学理论是建立在口语的基础上的，但描写语言所依据的材料却是书面语。正如法国语言学家韦龙（Véron, E.）所言："语言学家一方面总喊着要研究口语，但另一方面却总是在书面语上做文章"（Véron, 1987：208）。而奇怪的是，语言学家通过书面语研究语音、词汇、句法、文体等问题时，往往只关注孤立的文本，极少考虑书面语发生与交际的情境，更不把书面语作为行为来研究。

真正把口语当做研究对象的是 20 世纪 60 年代兴起的社会语言学。社会语言学与结构主义语言学的一个根本区别，就是它提出研究"言语"，强调关注社会生活中的真实语言。拉博夫（Labov, W.）批评结构语言学家，认为他们都陷入一种"索绪尔悖论"（Labov, [1972]1976：260）中：他们一方面承认语言是一种"社会现象"，但另一方面又不去研究社会生活中的语言，而是关在办公室里，通过一两个人提供的例子或自撰的例子来高谈阔论，甚至用现有的语言现象去推测其他的语言现象（同上：259）。拉博夫认为，语言学家不仅必须以日常生活中的言语作为研究素材，而且还必须通过使用者的社会背景，如社会阶层、性别、年龄等外部因素，去解释他们所使用的语言变体及其特点（同上：259）。后来由海姆斯（Hymes, D. 1927-2009）和甘柏兹（Gumperz, J. J.）开创的互动社会语言学（interactional sociolinguistics）更是把口语作为研究的对象。互动社会语言学是由交际民族志（ethnography of communication）发展而来的，深受美国人类学和互动社会学的影响（郑立华，2003：29）。

美国人类学强调实地调查和实证研究，互动社会学则把交际看作是参加交际的各方相互作用的过程。所以，互动社会语言学把日常生活作为研究场地，把能够体现互动的自然会话当作研究对象，而且把研究的范围扩展到交际过程的非语言因素，如声调、眼神、体态等（同上：39-49）。

　　综上所述，语言学研究的对象经历了从书面语向口语转变的过程。传统语言学家把书面语当作研究的素材，社会语言学家特别是互动社会语言学家则以人们日常生活中所使用的言语为研究对象。然而，与日常生活有别的企业工作环境中的语言（包括书面语和口语）始终难以引起研究者的认真关注。这与人们对企业的一般印象有关。一说到企业，人们的脑海里马上浮现的是技术、设备、管理、生产任务等，而较少想到语言与交际。科学管理之父泰罗（Taylor, F. W. 1856-1915）甚至把工人之间的交谈当作影响生产和浪费时间的闲聊来禁止。虽然工作环境中的语言与多个学科如语言学、管理学、社会学、工效学等有密切关系，但各个学科似乎都不把语言纳入其研究的范围。结构主义语言学认为语言研究与企业是不相干的；社会语言学，特别是互动社会语言学则把关注点只放在社会生活中的日常交际而忽视语言在企业中的使用；管理学家把语言仅仅当做传递信息的工具而对其不感兴趣；社会学家在研究企业中的生产关系和社会关系时很少考虑到使用企业中的言语材料，甚至认为把言语活动纳入研究范围会有损社会学研究的广度和深度，或会被认为不务正业。总而言之，企业工作环境中的语言始终没有被纳入社会科学的研究视野。

第二节 企业工作环境中的语言研究

　　法国社会语言学家卡尔维在讨论城市社会语言学时指出："多语并存的城市是城市社会语言学的实验室"（Calvet, 1994：14）。套用他的这一说法，我们可以说，企业是工作环境中的语言研究的实验室。在这个实验室里，人们可以观察到语言的变化（如新词、工人的特别用语等）并探寻其社会根源，可以研究语言各种功能在工作环境中的特殊表现以及语言与工作之间的互动，可以跟踪语言在技术与生产环境中的演变等。然而，由于现代语言学的理论基本上是建立在口语之上的（Calvet, 1996：11），而且企业工作环境中的语言长期被学界忽视，所以，当我们把工作环境中的语言纳入观察视野时，我们发觉现有的语言学理论难以科学有效地指导我们实证研究，我们必须另寻新的理论与方法。

一、理论研究与企业实际相结合

现有语言学的研究大都重视对语言现象的描写与分析。然而，当语言学家试图研究企业中的语言时，会很快觉察到他不可能只停留在理论研究的层面上，而必须设法与企业的实际相结合。这是企业的特殊性所决定的。与别的语言学研究现场（如广场、汽车站、地铁口等）不同，企业是一个繁忙的场所，每个人都有自己的工作。车间门口也常见"生产重地，闲人勿进"的警示牌。所以，外人很难进入企业进行观察或采访。语言学家的研究必须选择一些与企业活动相关的、尤其能够帮助企业解决实际问题的课题，而不能仅局限于纯理论的思辨。换言之，语言学家不能满足于对抽象语言现象的描写与分析，而必须介入企业运作，从语言的角度或交际的侧面研究如何改进某个部门或某个岗位的工作。拉博夫曾提出过"世俗语言学"的观点，认为语言学的理论不仅要经得起学术的拷问，而且要能够经受社会实践的检验，因为理论建设的最终目的在于"解决社会现实提出的问题"（转引自 Boutet，2001：99）。在一篇题为"社会语言学的目的"的文章里，海姆斯宣称："语言学必须而且能够有助于克服当今体现在语言和能力方面的诸多不平等社会现象。带有这一实用性目的的语言学研究不仅要关注语言工具和语言团体，而且要关注个体和社会结构"（转引自 Bachmann *et al.*，1981：35）。拉博夫和海姆斯的这些观点实际上反映了美国社会语言学的一个重要特点，那就是语言学家重视介入社会并强调解决实际问题。在美国，社会语言学家有时会作为顾问，深入企业解决管理问题，或走进法庭协助对罪犯的审讯，甚至为总统的竞选出谋划策；有时会开展社会调查，为政府提供决策咨询。早期的许多社会语言学的大型研究项目，如夏伊（Shuy，R.）在底特律的调查、拉博夫在纽约的调查以及费什曼（Fishman，J. A.）在巴雷约的调查，都得到过政府的资助，其研究成果也成为政府决策的重要参考依据。这些成果对后来的社会语言学发展产生了重大的影响。费什曼的一个调查报告还被当时的国会列为一个教育议案听证会的必读资料。然而，纵观全球，语言学的研究在很多国家大多是从理论到理论，较少与社会实践相结合，更谈不上服务社会或企业了。其实语言学家在企业中是大有可为的。从语言与交际的角度出发研究与解决企业中的实际问题就是一个可行的切入点。企业是人类活动的特殊场所，而人类活动离不开语言与交际。所以，语言与交际是反映企业活动的一条看得见的线索。通过这一线索，我们可以逆向追溯活动的过程，从而发现问题的所在并提出解决的办法。ISO 9000 质量体系就是一个很好的例证。这一体系的建立与实施主要靠书面文件，其口号是："写你所做的，做你所写的，拿出证据。"在这一体系中，书面语作为企业管理的一种手段，反映了企业中相关交际活动的全过程，为企业运作留下了痕迹。通过研究企业中书面语的使用，我们可以追本溯源，了解企业运作的真实情况，进而发现问题、解决问题。

二、跨学科多角度交叉审视

　　工作环境中的语言研究牵涉语言与工作两者的互动关系。语言与工作是性质完全不同的两种人类活动：前者属于象征活动，后者属于生产活动，因而两者所要求的知识与能力也大不相同。在企业环境中，语言与工作实践这两种不同性质的人类活动紧密结合并相互作用。其中很多的问题值得我们去思考。例如，工作环境是如何影响言语活动的形式与内容的？反过来，言语活动（如用文字记录工作、边干活边说话、在工作单上签名等）又是如何反作用于工作的？探讨这些问题往往需要研究者能对诸如显性知识（如书本知识）与隐性能力（如操作机器的能力）之间的联系、内部语言与外部语言之间的牵连、语言与动作之间的关系等范畴有较准确的把握。由于学科自身的局限性，语言学家不可能单独承担回答这些问题的任务。因此，语言学家、社会学家、工效学家、人类学家和心理学家携手对工作环境中的语言进行跨学科的交叉研究或许能有效地解决上述难题。

　　20 世纪末，科学的发展在分析方法登峰造极之后，已朝着大综合的方向发展，多学科交叉已成为科学发展的普遍倾向。从多个角度来审视一个问题会使研究结果显得更全面、更富有创造性、更接近问题的本质。这已经成为人们的一种共识。更有甚者，是否进行跨学科或多学科的交叉研究几乎已经成为衡量某项课题质量的维度（Borzeix *et al.*，2001：12）。语言学研究也不例外。王德春教授曾经说过："多角度、多层次、全方位地研究语言，成为现代语言学发展的必然趋势"（转引自赵蓉晖，2003：3）。这一必然趋势的具体表现之一正是多学科的交叉，正如王铭玉教授在总结语言学发展史时所指出的："18 世纪是哲学的世纪，19 世纪是历史比较的世纪，20 世纪是描写和转换生成的世纪，21 世纪将是多学科交叉研究的世纪"（同上）。但人们在呼吁多学科交叉时似乎不大注意这样一个问题：多学科的交叉会给不同的学科带来什么影响？事实上，学科交叉的目的不仅在于发现不同学科之间的共同点以便相互借鉴，而且在于比较各学科之间的不同点以便更新各自学科的理论与方法。例如，结构主义语言学在 20 世纪五六十年代就深刻地影响了其他很多相关的社会科学，如文学、人类学、社会学等。现在，我们提出的问题是：语言学在与社会学、人类学等学科交叉之后，这些学科会给语言学的理论与方法带来什么更新呢？或者说，语言学能从别的学科汲取什么精华呢？下面，我们以人类学与工效学为例检视多学科交叉考量给建设和革新语言学理论和方法的启发。

　　人类学（anthropology）认为，物品是社会生活的一部分。马林诺夫斯基（Malinowski，B. K. 1884-1942）早在 1922 年就指出过："物品进入到生产关系中，参与交换和人际关系调节"（转引自 Garabuau-Moussaoui & Desjeux，2000：16）。物品在社会生活中形成一种"物质文化"。这种物质文化参与并左右社会互动，因为物品本身具有两重性：它们既是社会活动的环境，又是社会成员可利用的工具。作为环境，它们制约着社会活动；作为工具，它们又是社会活动的手段（同上：14）。例如，在工作环境中，机器、电脑等设备本身并没有符号的意义。但是，由于交际环境中有设备，而且交际与围绕设备而展开的工作密切相关，所以，这些本来没有符号意义的物品也有了意义。物品不仅构成言语活动的外部环境，而且从根本上影响言语活动。因此，对于研究者来说，物品是社会互动的一面镜子，也是一种有效的"研究工具"（同上：17）。以前，语言学家一般只记录口语语料，忽视物品在交际活动中的作用。深入企业之后，我们会发现，符号活动与非符号活动（如工作）互相渗透，语言符号与非语言符号（如空间、物品等）交相辉映。研究对象的多样性以及它们之间的复杂关系促使语言学家不得不把物品纳入自己的研究视野并更新素材采集、描述与分析的方法。

　　工效学（ergonomics）是一门应用性很强的学科。工效学家介入企业后，一般通过对工人操作过程以及工人动作的细致描述发现问题，从而为机器的改造、工作环境的改善、工作的安排提出建议，以便帮助企业解决工人健康、生产安全以及工作效率等方面的问题。工效学对深入企业的语言学家可以提供两个方面的启示：一是对工作细致入微的观察与描写；二是对规范工作与实际工作的区分。工效学认为，企业有一定的操作规范与要求，但工人的实际操作与规范之间往往有一定的距离。例如，在研究 ISO 9000 质量体系时，研究者碰到的一个重要问题是：工人是否真正按要求"做你所写的"。换言之，作为质量体系，ISO 9000 在多大程度上能对工人的实际工作产生影响？又在多大程度上能对质量起保障作用？受工效学的启发，语言学家在企业里收集书面语语料时，不仅要留意诸如规章制度、工序描述、通知、公告等规范性书面文件，而且要关注反映真实工作的非正式文件如便条、留言、收据、签字等。

三、注重语言创造社会现实的功能

王德春等人认为，索绪尔以来的语言学都程度不等地忽视社会的人（王德春等，1995：4）。索绪尔把"语言"当作语言学研究的唯一对象，而将"言语"排斥在语言学大门之外。后来的乔姆斯基也以拟想的人作为语言学的研究对象，而不考虑社会的人。再后来的社会语言学虽然把研究的触角指向了社交中的人，研究"谁在什么地方以什么方式对谁说什么话"，但早期的社会语言学过于强调客观环境的作用，从而忽视了言语活动的主观因素。

王德春提出把社会的人引进语言学，并明确地指出："语言学不应该只是给人规定无可胜数的清规戒律，语言学不是将人们置于被动受规范约束的席位上。语言是人类的创造物，让创造者屈就于自己的创造物的现象是不正常的。语言学应该从符号王国走向现实社会的人，为现实社会的人能动地运用语言指点迷津"（王德春等，1995：5-6）。王德春等人的提法与互动社会语言学的观点是一致的。后者认为，言语活动也是一种人类的社会活动。与其他的社会活动一样，言语活动一方面受到诸多社会因素（如社会关系、社会规范、交际情景等）的制约；另一方面也在创造社会现实（如建立、改变或保持某种社会关系、遵守或违背社会规范、改变交际情景等）。从这个角度讲，社会与语言的关系并非"社会决定语言，语言反映社会"那么简单。语言也参与了社会现实的构建，因为人不是受制于社会规范的被动机器，而是有思维、有创造力的语言主体。如果说，社会语言学是对结构主义语言学的否定的话，那么，互动社会语言学则纠正了早期社会语言学偏重客观社会环境，忽视交际主体的缺点，转而从人的主观能动性出发研究语言使用，而且把语言当作一种社会行为的手段，而不仅仅是信息传递的工具。语言的社会性不仅在于它能反映社会现实，而且在于它能创造社会现实，因为人们可以能动地运用语言这一工具，达到改变社会现实、建立并调节人际关系的目的。正如法国社会语言学家布泰所言："语言不是社会的机械反映，也不完全受制于社会。语言作用于社会，创造与改变社会现实"（Boutet，

1995：264）。反过来，语言又是社会活动的线索与记录。通过研究言语活动，我们可以了解人们是如何分析问题和解决问题的，因为"一切言语，从它的产生、传播到接收，都记录着思想演变的过程"（Ebel & Fiala，转引自 Boutet，1995：264）。

从语言的能动性出发，很多工作环境中的语言问题很值得我们思考。例如，目前很多企业实施的 ISO 9000 质量体系主要通过书面文件来实现质量管理。那么，这一管理体系所规定的书写原则会给企业传统的运作模式带来什么影响呢？把操作过程写下来会不会改变操作本身？工人把自己所做的都写下来会对他的权利与义务带来什么变化？程序化管理会不会改变同事之间、上下级之间的关系等等。

第三节 小结

语言学发展史告诉我们，语言学家并不关心企业中的语言。传统语言学认为企业与语言研究毫不相干；社会语言学，特别是互动社会语言学虽然强调研究社会生活中的真实语言，但其关注的重点是情景对言语使用的影响。企业工作环境中的语言始终没有进入语言学，乃至社会科学研究的视野。然而，近十几年来，技术革命、信息革命以及经济的全球化带来了生产领域的巨大变化。新的管理模式、新的产品评估模式以及新的企业关系深刻地改变了语言在企业中的性质，大大增强了语言在企业中的地位与作用。这些变化迫使我们从新的角度审视企业中的语言并对其展开全方位的研究。工作环境中的语言并不是一个封闭而单一的符号世界，而是一个敞开而多元的复杂系统。在这个系统中，不同的符号交错在一起，共同对言语活动产生作用；言语活动置身于机器设备的大环境中，且与生产活动或其他活动交织在一起；它一方面受到这些与企业密切相关活动的制约，另一方面又在这些活动中起着计划、组织、协调、引导等不容忽视的作用。言语活动与工作环境形成了一种相辅相成的制衡关系。对工作环境中的语言进行研究有助于我们深入认识语言在企业中的特殊功能、语言在技术与生产环境中的演变以及语言与工作之间的关系等。同时，新的研究对象也将促使我们反思现有语言学的一些定论与常用方法。

第二部分

书写语言学

　　这一部分围绕书面语相对于口语的特殊性展开讨论，包括三章的内容：分别为"口语与书面语的关系"（第三章）；"口语与书面语的差异"（第四章）和"书面语的物质载体"（第五章）。

　　视觉和听觉同是人类符号系统的基础。作为人类语言的两种不同表现形式，口语和书面语分属上述两个不同系统。人类不仅通过声音来表达思想，还借助形象等方式与外界进行交流。在这个过程中，口语与书面语以各自独有的方式共同承担着人际沟通和信息传播的重要使命。

第三章
口语与书面语的关系[1]

尽管现代语言学有各种各样的流派，对语言的性质以及语言学的研究对象有这样或那样的争论，但不论是索绪尔，或是后来的语言学家，在对文字功能的认识上基本大同小异。那就是：文字是用来记录口语的。因此，他们认为文字是口语的替代物。而且，文字是口语的附庸。索绪尔说得很清楚："语言和文字是两种不同的符号系统，后者唯一的存在理由是在于表现前者"（索绪尔，[1916]1982：47）。丹麦语言学家叶斯帕森（O. Jespersen，1860-1943）也指出："写的（及印刷的）文字，只是一种说的和听到的话语的替代物"（叶斯帕森，[1924]1988：4）。社会语言学家费什曼也认为：口语是真实的语言，文字仅仅是口语的衍生与附庸而已（Fishman，1971：22）。我国学界基本上也都接受这些观点。例如，《现代汉语词典》是这样定义"文字"的："1. 记录语言的符号，如汉字、拉丁字母；2. 语言的书面形式，如汉文、英文等；3. 文章"。在这三个解释中，与我们研究重心相关的应该是"文字"的第一个意义，即"记录语言的符号"。而这里的"语言"，指的是语言的口语形式，因为在"语言"的词条里，我们可以看到这样的一个说明："'语言'一般包括它的书面形式，但在与'文字'并举时只指口语"。本章将围绕口语与书面语的关系展开讨论。

---

1 本章主要内容来自郑立华，"口语与书面语关系论"，广东外语外贸大学学报，2010 年第 1 期。

第一节　文字在索绪尔语言学理论中的地位

在索绪尔那里，文字被拒于语言学研究的大门之外，因为语言学的对象"不是书写的词和口说的词的结合，而是由后者单独构成的"（索绪尔，[1916]1982：47-48）。文字的唯一功能就是"表现"口语。

索绪尔之所以极度推崇口语的地位，应该说是出于他对 19 世纪语言学的批判和对口语这种"活着的语言"和"自然语言"的认识。首先，他反对以前的语言学家只通过文本来研究语言的方法。他这样批评当时比较学派的领军人物葆朴："早期的语言学家，也像他们以前的人文主义者一样，在这一点上上了当。连葆朴本人也没有把字母和语音很清楚地区别开来；读他的著作会使人相信，语言和它的字母是分不开的"（索绪尔，[1916]1982：49）。其次，在他看来，口语是书面语的根本。他认为过于看重书面语是不正常的："到头来，人们终于忘记了一个人学习说话是在学习书写之前的，而它们之间的自然关系就被颠倒过来了"（同上：50）。他把书面语相对于口语的权威当作是一种"专横"和"僭夺"（同上：50）。索绪尔开创了研究口语的先河，重视口语研究也成了现代语言学的一个重要特征与原则。正如叶斯帕森所言："我们如果不时刻把说和听的过程放在首位，如果有片刻忘掉了书写只不过是说话的替代，我们就永远不能理解语言是什么以及语言是如何发展的"（转引自赵蓉晖，2003：12）。于是，建立在文字之上的书面语的地位被人为地贬低了。

索绪尔把文字的功能限定在对口语的表现上，其实也是出于他的语言学理论构建的需要。首先，他承认"语言和文字是两种不同的符号系统"（索绪尔，[1916]1982：47），必须"通过文字来认识语言"（同上：47），因为"语言既然是音响形象的堆栈，文字就是这些形象的可以捉摸的形式"（同上：37）。是文字把"难以认识和描绘"的语言符号"译成固定的视觉形象"（同上：37）。那么，文字的功能就必须是表现语言的，不然人们就无法通过文字去认识语言了。而且，更重要的是，他所定义的语言符号是概念与音响形象的结合，也就是说，概念只能通过音响形象来表现。因为语言符号是由"所指"和"能指"组成的。"所指"代表"概念"，"能指"代表"音响形象"："我们把概念和音响形象的结合叫做符号"（同上：102），在这种情况下，如果文字符号也可以表现概念或影响概念的表达的话，语言符号的定义就会出问题，索绪尔就必须建立两种语言学理论，一种针对只有口语无文字的社会（在那里，概念是通过口语表达的）；一种针对有文字的社会（在那里，概念不完全是通过口语表达的）。而索绪尔要建立的是一种普遍适应的语言学理论。所以，文字符号只能是用来记录语言符号的元符号，自身不能具备符号意义上的主体性。如果说它的"能指"是"视觉形象"的话，那么，它的"所指"只能是口语符号中的"所指"。文字没有独立表现的"概念"。法国文字符号学家阿里斯（Harris，R.）指出：在索绪尔符号学里，书写符号是一种用来表现口语符号的"元符号"（Harris，1993：20）。

第二节 文字的西方定义

既然文字的功能在于表现语言，那么，对索绪尔来说，最好的文字便是拼音文字，因为拼音文字很好地记录了欧洲语言。索绪尔区分两种文字体系：

（1）表意体系。一个词只用一个符号表示，而这个符号却与词赖以构成的声音无关。这个符号和整个词发生关系，因此也就间接地和它所表达的观念发生关系。这种体系的古典例子就是汉字。

（2）通常所说的"表音"体系。它的目的是要把词中一连串连续的声音模写出来（同上：50-51）。

索绪尔认为，对使用表意体系的汉人来说，表意字和口说的词都是观念的符号，文字等于是第二语言。由于表意体系文字并不忠诚地表现语言，所以，索绪尔把它抛到一边，只考虑"表音体系"："我们的研究只限于表音体系，特别是只限于今天使用的以希腊字母为原始型的体系。只要不是借来的、已经沾上了自相矛盾的污点的字母，起初的字母总是相当合理地反映着语言"（同上：51）。由此可见，索绪尔关于文字的理论是建立在欧洲语言与欧洲文字的基础之上的，本身并不具备放之四海而皆准的意义。奇怪的是，在我国现代语言学研究中，对文字的定义基本上都是沿袭索绪尔的观点："文字是记录语言的符号，是人类交际的辅助工具。""文字是在语言的基础上产生的，因此语言是第一性的，文字是第二性的"（高年华、植符兰，1982：45）。文字被认为仅仅是口语的书面再现、口语的附庸和口语的派生物。能够记录口语的拼音文字也被视为是比汉字更高一级的文字："人类文字的发展大致可以分为四个阶段：（1）表忆文字；（2）象形文字；（3）表意文字；（4）表音文字"（同上：45）。更有甚者，索绪尔对欧洲文字性质的判断，被视为人类文字应有的属性，被用来硬套汉字的情况而得出汉字非走向拼音化不可的结论："汉字由象形字而变为表意字，由表意字而变为表音字，这是文字发展的必然趋势"（同上：56）。

汉字不记录汉语，对汉人来说，"文字就是第二语言"，也就是说存在两个表现概念的符号系统，一个是从语言到概念；一个是从文字到概念。相对独立于口语是汉文字的特性。这一特性是与汉民族的思维特点和语言特点密切相关的。也就是说，汉字与汉民族文化息息相关。正如瑞典汉学家高本汉所言："中国人抛弃汉字之日，就是他们放弃自己的文化基础之时"（转引自申小龙，2003：407）。正因为汉文字不记录发音，所以两个讲不同方言的中国人可以通过文字来沟通。也就是说，汉字具有"超方言"的特点。一个字在不同的方言里可以有不同的发音，但意义对所有中国人来说是相通的。不记录发音的汉字在中华民族的统一与延续中发挥了巨大的作用。正如余秋雨先生所言："中华文明延续至今，在传导技术上的原因在于早早地建立了一个既统一又普及的文字系统"（余秋雨，2004：408）。索绪尔关于文字是口语的表现的理论，显然不适应汉语，那么，对于西方语言来说，文字是否真的是口语的记录呢？

第三节　文字与口语之间的关系

由于文字被定义为"口语的记录"，自然的结论便是先有口语，后有文字。而且，文字的内涵也只能局限于记录口语的书面符号，如汉字、拉丁字母等。这种狭窄的文字定义很早就遭到一些学者的质疑。文字学家盖尔布（Gelb, I. J.）是这样定义文字的："文字是人类通过约定的视觉符号进行交际的系统"（Gelb, [1952]1973：15）。从这个定义中我们可看出：文字被视为独立于口语的符号，而且，文字不局限于是记录口语的符号，而是泛指一切用于交际的视觉符号。但这一定义没有明确指出文字与口语之间的关系。法国罗伯特大词典如此定义文字："口语与思想的再现"。我们认为，这一定义不仅揭示了文字与口语的关系，而且认为文字不仅仅是口语的再现，而且是思想的再现。雅柯布逊在《语言和其他交流系统的关系》中指出，视觉和听觉是人类社会中最社会化、最丰富、最贴切的符号系统的基础。由此而使语言产生了两种主要的变体——语言和文字，它们各自发展着自己特有的结构性质（转引自申小龙，2003：402-403）。法国社会语言学家卡尔维认为，因为现代语言学是从音位学发展起来的，所以，从音位学的观点出发看问题是现代语言学的基本特征。对待文字也一样："语言学用音位学的眼光来看文字"（Calvet, 1996：11）。卡尔维从文字的起源进行考察，认为文字的出现并不是为了记录口语，文字与口语之间也没有必然的联系。他认为，人类有两种最基本的表达方式，一是绘画表达；二是动作表达。绘画表达是一种可以留下痕迹的、可长时间保存的、可跨越时空的表达方式。文字、图画、纹身、化妆、服饰等都属于这种表达方式。动作表达是转瞬即逝的表达方式，如言语、叫喊、动作、舞蹈等。两种表达方式的重要区别就在于动作表达即发即逝，不留痕迹，而绘画表达是一种痕迹，可以授之异地，传之异时，也可以长久保存。所以，绘画表达除了传递信息的功能外，还有保留信息的功能。而且，绘画表达具有物质形态。这种形态可以是象征性的物品，如一朵表示爱情的玫瑰花，或一块表示数字的石头，也可以是绘画出来的形态，如文字、图画等。人类的这两种基本表达方式都是文化的产物，但从起源来看，两者之间并没有必然的联系。"语言与文字来自源头完全不同的两种意义系统，即动作系统与绘画系统。语言与文字的关系来自这两种意义系统的会合，但两种意义系统仍然相对独立"（Calvet，1996：23）。文字仅仅是绘画表达的一种形式。绘画表达在起源之初，不仅可以记录语言，而且可以记录别的东西，如动作、账目等。现在除了文字之外，也有许多不同形式的绘画表达法，如乐谱、舞谱等。卡尔维认为文字与语言不同源的观点与陈望道先生的看法不谋而合："假若追溯源头，文字实与语言相并，别出一源，绝非文字本来就是语言的记号。人们知道用声音表达思想，也就知道用形象表思想。知道从口嘴到耳朵的传达法，一面就又知道从手指到眼睛的传达法"（转引自申小龙，2003：418）。这是交际的需要所决定的。当人们需要同不在现场的对象进行交流时，通过口语的途径是办不到的。"最可能的一个选择是在某个物体上做印记，以便将来某个时刻被对方看到。由此作为一个新的交流媒介，文字系统便应运而生了"（牛毓梅，1995：93）。可见，从根本上说，口语和文字是人类两个本源不同的基本表达方式。声音符号和视觉符号以其各自不同的功能共同承担着人类交际、信息传播主要媒介的重任。正如申小龙所言："当我们面对文字的时候，我们不是简单地面对一种无意义的语言包装，而是一个有意义的自主的符号系统"（申小龙，2003：402）。

法国解构主义学者德里达（Derrida，J. 1930-2004）认为语言学从它诞生的第一天起，就承袭了西方的"语音中心主义"（phonocentrism）（德里达，[1967]1999）。的确，西方语言学家对文字的看法与西方文化中的"语音崇拜"是一脉相承的。早在古希腊时代，学者们就已经在理论上明确地将口头语言和书面语言的不同价值区别开来。苏格拉底指出，写在纸上的文字，是静态的东西。它唯一的功用在于告诉读者已知的事情。它是一种"娱乐"，是帮助记忆衰退的老人回忆往事的工具。而口头吐出的语言，是充满活力的辨证语言。亚里士多德断言："口语是心灵的经验的符号，而文字则是口语的符号"（转引自申小龙，2003：399）。所以，德里达指出：从亚里士多德和柏拉图开始到卢梭乃至索绪尔，总认为口语词优先，文字是由语言派生的，书写被看作对言语的抄录。这些理论因此看重语音（字母）文字，认为它们似乎"天然"比其他文字优越（豪威尔斯，[1998]2002：55）。这种西方拼音文字优越论赋予书面语的作用就是对语音的记录，充当"活着的语言"和"自然语言"的肖像。德里达认为，文字并非口语的肖像。他写道："书写本身也不能真正被描述为言语的'肖像'。言语中有太多的因素（语调、口音等）不能被记录，书写中也有太多的因素（词与词之间的间隔、标点符号等）并不翻译言语。书写和言语如此不同，书写无法从言语中'导出'"（转引自豪威尔斯，[1998]2002：59）。他反对把写作看作语言的外在"服饰"或声音的简化的观点，明确指出，书写不是言语的影子，而是关于语言本质的模型（申小龙，2003：403）。

法国文字符号学家阿里斯则从文字与口语的不同特性出发批驳文字是口语记录的观点。他认为，口语作为一种听觉符号系统，是以时间延伸的，具有线性特点；文字作为一种视觉符号系统，是以空间拓展的，具有二维的特点。结构主义语言学认为线性特征是语言的根本特征之一。索绪尔指出："能指属听觉性质，只在时间上展开，而且具有借自时间的特征：（a）它体现一个长度；（b）这个长度只能在一个向度上测定：它是一条线。"（索绪尔，[1916]1982：106）。接着，索绪尔又把听觉的能指与视觉的能指（如航海信号等）做了比较，指出两者的根本区别："视觉的能指可以在几个向度上同时并发，而听觉的能指却只有时间上的一条线；它的要素相继出现，构成一个链条"（同上：106）。索绪尔认为口语的线性特征可以通过文字表现出来："我们只要用文字把它们表达出来，用书写符号的空间线条代替时间上的前后相继，这个特征就马上可以看到"（同上：106）。在索绪尔看来，既然文字是口语的表现，那么，文字也与口语一样具有线性特征，只不过是一种空间线条而已。阿里斯认为，口语的线性特征是人类发音器官的特点所决定的（Harris，1993：279）。发音是一种身体的动作，它受身体器官的限制，使我们不可能同时发几个音或颠倒顺序来发音。但书写就不一样了，它不受人体器官所制约。例如，写 Paris 这个单词，我们一般是从左到右按顺序写 5 个字母，与口语的顺序一样。这似乎佐证了文字记录口语、文字与口语一样也具有线性特征的观点。但有一个根本的区别被忽视了，那就是口语体现的是一种不可逆转的线性特征，而文字体现的是可以变化的连续性特征。正如阿里斯所言："人们很容易混淆'线性'和'连续性'这两个概念，因为线性必定是连续性的。但是，连续性并不一定就是线性的"（同上：241）。在这个例子里，我们可以反方向写 Paris，也就是从右向左写，也可以从中间的字母开始写，只要按顺序把字母凑齐了就可以了，但我们不可能倒着念这个词，否则就不是这个词了。由此可见，线性并不是文字的根本属性。此外，文字的空间特征也使它不可能只是口语的简单重复。除了德里达提到的"言语中有太多的因素（语调、口音等）不能被记录，书写中也有太多的因素（词与词之间的间隔、标点符号等）并不翻译言语"外，写下来的句子与口说的句子意义上也会发生变化。例如这样的一句话：张三打李四，不管是高声朗读还是写下这个句子，句子的结构和发音是一致的，这样的一致性导致人们以为书面语真的是口语的记录，从而消除口语和书写是两个独立的不同意义符号的可能性（同上：224）。但是，如果调动书写的空间特征，口语与书写的差别就显露出来了。我们念这句话时，口语的线性特征让我们十分清楚它的意思，没有任何困难，但是在书写下来的时候，情况就不是那么简单了，比如我们可以写：

张三

打

李四

口语的句子"张三打李四"写下来之后，由于其空间性，意义出现了两种可能性：或者"张三打李四"或者"李四打张三"，由此可见，文字作为一种媒介，并不仅仅是言语的记录。说出来的信息和写出来的信息在交流活动中从形式到内容都有可能发生变化。从语篇的结构来看，书面语也不完全是口语的记录。口语中有话轮的特征，即一般来说，交际的各方轮流讲话，这是口语的时间线性特征所决定的。书面语由于从空间展开，所以可以提供这样的可能性：在同一个平面载体上，同时出现几个作者。例如，老师在学生的作业本上写评语，领导在申请报告上写意见，医院里的护士在别的护士写的病人记录后面写上自己的记录等。这一现象被称为"多书写现象"（polygraphie）（Fraenkel，2001b：241），是书面语的物质载体所提供的一种交际的特殊可能，这是口语在一般情况下所没有的。最后，书面语言里特有的清单、表格、数学公式等，也都不是对口语的记录，其所依据的是一种有别于口语逻辑的"书写逻辑"（la logique de l'écriture）（Goody，1986）。

第四节 小结

出于对轻视文字倾向的反感，有些学者故意抬高文字的价值。例如，法国人类学家皮维达尔（Pividal，R.）就指出："口语是一种附属的语言，从属于文字。口语是一种无足轻重的语言，没有威力的语言……我们可以胡言乱语一通而不负任何责任。在饭桌上，在咖啡馆里，在街道巷尾，人们可以高谈阔论，刚说过的话自己又否认掉，甚至说谎，或者说自己忘记讲了什么了。更为糟糕的是，人们滔滔不绝，但又不知所云。现在重要的事情都不通过口语来传递。口语只用来闲聊。在我们当今的社会里，口语与真理无缘。证据是：科学只使用文字"（Pividal，1976：25）。在皮维达尔那里，文字被认为是真理和科学的载体。我们认为，这种观点也失之偏颇。口语和文字对人类的交际、信息的传播和社会的发展同样重要。它们因为自身的不同特征而发挥着不同的、相互不可替代的功能，但两者并不是一种主从关系。口语和文字是人类语言两个不同表现形式，分属不同的符号系统。它们起源不同，以不同的方式承担人类交际和信息传播的任务。文字能记录口语，但这不是它的唯一功能。从广义上讲，文字是人类通过约定的视觉符号进行交际的系统。

第四章
口语与书面语的差异

　　口语和书面语是语言的两种表现形式，二者不仅有不同的特征，而且作用也迥然相异。早在 20 世纪初，外国学术界就已经开始重视对口语与书面语的研究。两者之间的差异不仅是语言科学领域中诸多学科，如文体学、写作学、修辞学、言语交际学、第二语言教学、话语分析等的重要研究对象，而且也是心理学、教育学、人类学等学科关心的问题。

　　在口语和书面语的研究中，有两个问题一直广受关注而且争议颇多。第一个分歧是对口语和书面语的评价。由于人们较多地从文体特征研究书面语和口语的差别，所以得出的结论往往是，在文体结构上书面语优于口语。不少人认为口语的特点是粗糙而不严谨，生动而不规范；还有人认为口语是书面语的胚胎，书面语是口语的加工形式。究其原因，是人们"从书面语的立场，以书面语的眼光去评判口语，以书面语的语言特征去套口语特征，这样就必然得出口语比书面语不规范、粗糙或者低级的结论"（姚亚平，1991：29）。有些学者反其道而行，从口语的角度出发考察书面语，结果口语被推崇为交际的代表："在采用视听说教学的年代里，'交际'成了口语的专用品。而书面语则被局限在语法和拼写规则，即代码领域上来"（穆瓦朗，1994：110）。事实上，口语和书面语对应不同的交际条件，因而各自有各自的结构特点、活动范围和使用价值，两者没有优劣之分。第二个分歧是对口语和书面语的划分。口语和书面语之间一个显而易见的差别是，两者的载体不同。所以，人们一般认为，凡是从嘴里说出来的就是口语，凡是写在纸上的就是书面语。但如果仔细琢磨，就会发现这种区分方法有问题。例如，电台和电视的新闻广播究竟是口语还是书面语？家信、便条等究竟是书面语还是口语？事实上，口语和书面语这一对概念在不同的场合有不同的内涵。从语言发生的角度出发，口语和书面语分别表示语言交际的两种不同发生方式，一种是口头的，另一种是笔头的。从语言的形式特征出发，口语和书面语分别表示语言交际的两种不同的语体，反映的是语言运用中呈现出来的不同的风格特点。通常认为，口语比较随便，书面语比较正式。这样区分之后，我们就可以说，从语言的发生方式区分，电台和电视的新闻广播以及演讲报告等可视为口头语言或口语，家信、便条等可视为笔语或书面语；从语言的语体划分，则恰恰相反。也就是说，人们可以通过口头运用书面语结构的语言，也可以通过笔头运用口语结构的语言。例如，不少文学作品，在体裁和风格上同日常生活中的自然对话极为接近。相反，在一定的场合，如演讲、求职面试、博士论文答辩时，人们常常使用与书面语极为接近的口语。

从上述争论我们不难看出，单单从语言的发生方式或语言的文体特征来考察口语和书面语的差别是不够准确的。有学者认为，口语和书面语的根本区别在于交际模式的不同，因为口语交际是由人体的发音器官和接收器官来完成并通过声波来传送的，而书面语交际则通过可见的、形体各异的符号来传达意义。换言之，信息在口语交际中是通过可听到的声波来传送的，而在书面语交际中则是通过可见到的符号来传递的。中国学者姚亚平认为，交际是语言最根本的存在方式和活动场所，是语言最根本的功能和最本质的特点，语言的一切结构形式都在交际中得到了最充分的呈现："口语交际的传输器和接收器分别是口与耳，承载信息的是语音信号；书面语交际的传输器和接收器分别是手和眼，承载信息是文字信号，这种'口说耳听的语音传递'与'手写眼看的文字传递'的分别，正反映了口语交际与书面语交际不同的模式。这种不同，决定了口语在诸多方面不同于书面语"（姚亚平，1991：26）。下面我们进一步从交际的角度考察口语和书面语的差别。

第一节　交际情景的差别

从本质上讲，口语交际需要有一个社交情景，即起码两个人的参与。一个人自言自语或独自微笑都可能被认为是不正常。而且，口语交际一般是面对面的交际。因此，参与交际的，不仅有从嘴里讲出来的语言信息，而且有同样从嘴里发出来的伴随语言的副语言信息，如音高、语调、语流、重音等，还有从身体发出来的非语言信息，如手势、动作、面部表情乃至衣着打扮等。可以说，说话者整个人都加入了交际活动，正如戈夫曼所言：在面对面接触中，一切都是交际，因为"一个人可以闭口不讲话，但不能阻止他的肢体发出信息"（Goffman，1981：269）。这些因素直接影响到口语的文体特征，如语法不够完整，意群之间缺乏衔接等。这些并不是口语的缺陷，因为通过语调、手势、面部表情等，听话者能够正确理解说话人的意图。现代科学技术的发展正在改变口语交际的特征。例如使用固定电话或手机，人们可以不见面就进行口语交际。这种远距离的口语交际因为缺失了面对面的很多辅助手段，所以，句子相对来说必须比较完整。

书面语交际是在一个人与一个文本之间进行的，没有人与人之间的接触，也没有副语言符号或非语言符号的参与。在书面语交际中，由于没有声调、动作、面部表情等与身体联系在一起的辅助交际手段，所以一切意义都必须通过文字来表达，读者也只能通过文字来理解作者的意图。虽然书面语也有一整套模拟口语的标点符号，如感叹号表示重音，问号表示升调，句号表示降调等，但相对于口语中丰富多彩的语音特点，书面语仍然显得有些力不从心。但是，"书面语不能准确地传达口语中的全部语音特点不一定就是书面语在表达方面的弱点。这样做在书面语中不仅不可能也没必要"（李绍林，1994：74）。读者与作者不在同一交际现场，这直接决定了书面语交际的特点。一般来说，书面语重在表意而轻于传情，所以要求用词准确、句子完整、逻辑性强。也正因为这样，"人们都把写作当作是一种工作，是一种充满艺术性的工作，而把说话看成是一种随意的事情，就和吃饭、睡觉一样"（同上：73）。

第二节 交际过程的差别

在交际过程中，口语和书面语在三个方面有所不同。

第一，在口语交际中，交际的双方可以交换角色，听者与说者的身份随时可能发生改变。在这种你来我往的对话活动中，会话的主题、重点和焦点随时都可能发生变化。同时，说话人还能根据交际双方的社会语言学特征，如职业、年龄、民族、性别、文化等来调节自己的话语。所以，口语交际很难做到中心单一、条理清晰、前后一致。在书面语交际中，交际双方的角色是固定的，即作为表达者的作者与作为接受者的读者两者角色不能转换。由于作者单方面表达，所以他能够围绕一个中心组织句子、段落与篇章并依据自己的思路写作，做到语义连贯、层次清楚，首尾呼应。

第二，口语是一种面对面的交际，所以说话者能够直接观察听话者的各种反应。通过这些反馈信息，说话者能检验自己的话语对对方产生的效果，同时根据情况调整表达方式，以便更好地实现交际目的。在书面语交际中，作者和读者并没有直接接触。作者写作时无法得到读者的反馈信息，因此也不能像口语交际中那样根据反馈情况调整自己的写作。双方对交际场景的依存度为零。

第三，在口语交际中，听话者部分地承担了说话者的角色，因为听话者通过反馈可以影响说话者的言语。所以，面对面的会话可被视为说话人和听话人的共同产品，或是双方互动的结果，因为说者不能无视听者的反应，而听者则有意无意地在调节说者的言语。可以说，在口语交际中，信息是双向流动的。在书面语交际中，虽然作者会根据想象中的读者反映进行创作，但写作过程是作者独立完成的，信息的流向依然是单向的。

第三节 交际时空的差别

时空是否同一，是口语与书面语的一个明显分野。现代技术的发展正在模糊口语和书面语的时空差异，例如，电话使异地交谈成为可能，录音设备使隔时留言变成现实。然而，这些变化事实上正是从反面衬托出口语交际和书面语交际的本质性差异。因为如上所述，手机交际由于失却了面对面交际的辅助手段（眼神动作等）而必须有所调整，而录音实际上并不是一种交际。空间的同一性使口语交际成为一种有多种符号（语言符号、副语言符号和非语言符号）参与的立体式交际，而时间的同一性则决定口语交际是一种稍瞬即逝的交际。口语的很多特点可以从其时空同一性得到解释。时间的紧迫性使说者和听者无暇顾及其他。听者"说话时脑子里只能有组织语言这条线在活动，它跟移动语句、修改语言这条线不能同步进行"（陈建民，1991：40）；听者在接受一些连续的声音时，必须边听边处理，因为大脑短期记忆的容量极为有限。所以，一般来说，口语交际词汇量较少，句子较短，结构也相对简单。

在书面语交际中，作者与读者分别处在不同的时间和空间，一方在此刻此地写，另一方在彼时彼方看。这种时空的分离使作者有足够的时间对写作内容进行计划准备，也可以从容不迫地字斟句酌，随意删削或重写。读者则有可能反复阅读，仔细研究。所以，一般来说，书面语词汇量比较丰富，句子结构比较复杂，废话比较少，重复、颠三倒四的现象也不多见。

第四节 小结

综上所述，口语和书面语是两种不同的语言表达方式。在交际中，它们与一定的社会语境相联系，承担着不同的角色，两者互为补充，在社会生活中具有同等重要的作用。口语和书面语的根本区别在于交际模式的不同。口语和书面语对应两种不同的交际模式，发生的条件不同，表现出来的语言特征也迥然各异。现代传播技术一方面在搅乱口语和书面语之间的界线，如电话突破了口语交际的空间限制，网络的聊天室使书面语交际变成了某种"书写出来的口语交际"或"实时交谈"（黄少华，2004：94），另一方面又更清楚地反映了一般情况下口语和书面语的本质差异，因为电话交流与面对面谈话的口语有诸多差别，而在聊天室环境中书面语也发生了变异，而这正是受到两者特定交际条件和互动模式的影响和制约所致。

第五章
书面语的物质载体

由口语转向书面语时，媒介符号系统由听觉转向视觉；信息展开形式由时间转向空间；主要交际渠道由口头转向笔头；人类器官的参与也由口耳为主转向手眼为主。这些转变源于口语和书面语的一个根本区别，那就是前者靠声波传送，看不见摸不着；后者由物质载体传送，可视且稳定。书面语的两个主要功能已经被人们普遍接受：一是使交际突破时空的限制；二是使信息得以永久保存。科学技术的发展似乎在挑战书面语这两个功能的唯一性，例如电话使异地交际变为现实，录音机也使信息长久储存成为可能。然而，声音的延伸与复制归根结底还是声音，它们并不能取代书面语的根本属性即可视性。使书面语具备可视性特征的根本因素是其物质载体。因此，本章旨在通过分析物质载体给书面语带来的特殊功能，来探讨书面语的形式是如何影响书面语的内容的。

第一节　书面语物质载体与意义构建

自索绪尔以来，现代语言学虽然强调对口语的研究，但其研究素材基本上是建立在文字之上的，因为文字被视为语言的"可以捉摸的形式"（索绪尔，[1916]1982：37）。离开了文字这一视觉形象，语言符号便"难以认识和描绘"（同上）。然而，语言学感兴趣的主要是书面语作为文本的形式与内容，如词汇、句子结构、时态语式、篇章结构、会话结构等，而对书面语赖以存在的物质载体则熟视无睹。

与不可捉摸的口语不同，书面语是写在一个固定的物体（如纸张、木板、石头等）之上的，物质性是其根本属性。法国语言学家弗拉昂凯勒认为，我们不能把书面语当作文本来研究，而必须把它当作物品来研究（Fraenkel，2001b：241）。我们之所以关注书面语的物质载体，那是因为"载体参与了交际意义的构建"（Fraenkel，2001a：124）。这一结论体现在如下四个方面：

1. 书面语的载体承载一定的社会文化观念。首先，载体的质量常常代表一定的权力和社会地位。一般来说，材料越高贵就越显示作者的地位或事情的重要性。最近中国热炒的"黄金书"可以说明这一点。"黄金书"之所以珍贵，主要是其黄金载体，因为单从内容来看，一本纸质的和一本黄金质地的《孙子兵法》并没有本质上的差别；但另一方面，并非所有的书都可以印成黄金书，相信出版商不会将一本小学课本制成黄金书。可见黄金这一物质载体是与作者或书的社会地位紧密联系在一起的。同样的道理，在做宣传时，使用优质载体，往往有利于提高一个机构或一个产品的重要性。其次，载体的形式也往往隐含着一定的社会意义。例如，春节期间相互问候，可使用的形式多种多样，仅书面语形式就有手机短信、电子邮件、贺卡、书信等。但同一内容的书面语，选用不同的载体意义大不相同。我们的一项调查[1] 表明，被访者普遍认为，上述各种形式中，书信所表达的情谊最为深厚。这一意义与书信载体所要求的付出有密切关系：因为信纸篇幅较大，所以写信人必须花时间多写几行；因为是一封信，所以写信人被迫要遵守写信的一些规范，如开头结尾等；而且，写完信之后还必须写信封，贴邮票并去邮局寄。相比之下，其他形式对时间、精力和金钱的投入没有书信那么大。正是由于投入大，所以，书信表达的情感更加深厚。书信形式的这种社会意义其实也是信息技术发展带来的结果，是通讯媒介的多样化造就了媒介意义的多样化。十几年前，当书信还是唯一书面通讯手段的时候，它并没有特别的社会意义，因为当时人们别无选择。

2. 书面语的载体揭示书面语的性质或用途。正如弗拉昂凯勒所言："一定的载体常常与一定的书写行为相对应"（Fraenkel，2001a：124）。例如，路标因为要经受日晒雨淋，所以一般必须选择经久耐用的材料（如木料、石料、铁料等）。如果路标写在一张纸上，则表明它带有临时性。同样，名片的用途决定了所用纸张必须有一定的厚度，大小不能超过一定的限度。

---

[1] 法国电讯委托的横向项目。题目为"手机短信的社会意义"（2006 年）。项目组成员为：郑立华、杨晓敏、吕继群、Desjeux、Anne-Sophie。

3. 书面语的载体反映一定的社会文化规范。正如阿里斯所言："在所有的文字社会里，在什么载体上写什么内容常常受到社会公约甚至是法律的制约"（Harris，1993：223）。例如，在中国，书法作品一般写在白纸上，但春联一般必须写在红纸上，表示吉庆，如果写在白纸上，便显得不合适，甚至犯忌，因为挽联一般用的是白纸。又如，发票一般有三联，红联给顾客，白联留底，蓝联上缴。在上述两个例子中，书面语的载体颜色传递着某种社会意义。

4. 书面语的载体具有一定的社会价值。从社会语言学的角度出发，由于物质载体的缘故，工作环境中的书面语可以被当作像机器、工具、产品等一样的物品来分析（Boutet，转引自 Fraenkel，2001a：125）。物品在市场上有流通的价值，同样，以载体为标志的书面语在社会中的价值也有高低之分。例如，在企业中，一份研究报告与一份生产记录的社会价值不同，因为研究报告反映了书写人较高的书写能力，而书写能力是一种"语言资本"（Bourdieu，转引自 Fraenkel，2001a：125），是晋升的一个重要砝码。

第二节　书面语物质载体的空间结构

结构主义语言学认为，句子是一个抽象的实体，其产生的方式与情景不会对其意义产生影响（Harris，1993：133）。例如"张三打李四"这个句子，无论如何说（如大声或小声），由谁说，在哪里说，其意义都是不变的。后来的社会语言学强调言语产生的方式（如声调、音高、语速等）以及产生的情景对其意义的影响。同样一句话，用讽刺的口吻说出来，真正的意思可能与表面的意思背道而驰。然而，社会语言学家尚未充分重视书面语产生的方式与产生的情景对其意义的影响。究其原因，是因为人们一直认为书面语是口语的简单复制。如，"张三打李四"这个句子，说出来或写下来，被认为意义是一样的。事实上，口语和书面语产生的方式完全不同，因此对交际也有着不同的影响。上文提到，书面语与口语的根本区别在于书面语是写在一种物质载体之上，具有可视性的特点，所以书面语呈现在我们面前的是一种视觉的空间结构。一些文字游戏（如填字游戏），利用的正是文字的这种空间结构，因为在一个平面上，阅读的顺序可以从左到右，也可以从右到左，可以从上到下，也可以从下到上。口语就提供不了这些可能性，所以符号学家皮尔士（Peirce，C. S. 1839-1914）指出："书面语拥有口语交际所没有的一整套肖像功能"（转引自 Harris，1993：226）。目前工作环境中大量的表格、图表、统计表等，也都是书面语空间结构的产物。古迪认为，书面语交际创造了一种"书写思维"（La raison graphique），而这种思维是建立在书面语的可视性特征的基础之上的（Fraenkel，2001b：254）。

文字的空间结构是文字的一部分。汉字的结构就具有意义的区别性特征。如"曰"和"日"的差别就在于结构大小的不同。曾有手表店的售货员在写发票时，把"女表"写成"婊"，遭到一位女顾客的投诉，问题也出在文字的空间结构上。所以，在学习书写时，必须同时学习字的空间结构，如小学生用的田字格练习本，目的就是要训练学生掌握一个字的空间布局。学西方文字也有这个问题。初学者往往要通过有划线的本子来掌握字母笔画的位置。这种学习在口语中是没有的。我们可以从三个方面对书面语的空间结构进行分析：

1. 书面语的形态变化

书面语是由文字组成的，而文字的形态是可以变化的。通过调动字体、大小、粗细、正斜、颜色等因素，我们可以使一个字的形态千变万化。表面上看，一个字无论外形如何变化，还是那个字，意义不会改变。但从社会语言学的角度看，"文字有自己的社会生命"（Harris，1993：38）。文字的形态变化会影响交际的意义。理由有以下三点：

第一，字体本身就有一定的文体意义。例如，中国书法有"小篆"、"楷书"、"隶书"、"行书"、"草书"等区分，不同的字体给人的感觉不一样："小篆"显得古板严肃，"楷书"显得端庄大方，"隶书"显得宁静稳重，"行书"显得敏捷伶俐，"草书"显得潇洒灵活。可以说，中国的书法自身是一个意义系统，正如书法家邱振中所言："中国书法以其在中国文化中的特殊地位——与汉语的共生、变化无穷而又精妙入微的图像系统、典型的意义生成机制等等，越来越受到人们的关注，并成为激发人们思想与灵感的源泉"（邱振中，2006：网上）。中国书法以前都是手写的，现在电脑可以代劳。虽然方便，但由于不是手写，没有了个性，也多少失却了书法的魅力。印刷上用得更多的还是宋体、仿宋体、黑体、魏体、幼圆等，这些字体的形态变化也都会带来了文体意义上的差异，因为并非在任何场合使用任何字体都有同样的效果。在填写一些申请表格时，有时字体的选择会是申报成功与否的关键因素之一。字体的改变也是一种交际的手段。例如，人们经常通过改变字体、加粗、用斜体或加引号等来强调句子中的某个成分，以便引起读者的注意，这与口语中使用重音的意图是一样的。

　　第二，字体形态具有一定的社会意义。文字的使用与社会生活紧密联系在一起，因而文字反过来也能反映社会生活，如书写人的职业、社会地位、价值观念等。例如，医生的处方写得都很潦草，这在中国与法国都一样。所以弗拉昂凯勒认为："书写潦草似乎是医生职业身份的特征"（Fraenkel，2001b：246）。但同样在医院里，护士的字却是潦草不得的，所以，"'书写潦草'似乎是某一等级的专利"（同上：247），也就是说，必须有一定的社会地位，才有权利书写潦草。又如，在中国，同样的字，出自名人之手与出自一般人之手，其社会价值是很不一样的。在这里，起作用的不是字的形态（写得漂亮与否），而是书写人的社会地位。故此，商家酒店都希冀获得一些重要领导人的题字；有些大学的校名并非毛主席亲笔所题，而是毛体字拼凑而成，可见名人字迹的强大吸引力。另有一个特殊的现象值得我们研究：汉字繁简之分。按法律规定，公共场合是禁止使用繁体字的。但是，改革开放以来，尤其香港特别行政区和澳门特别行政区回归祖国大陆以来，广州街头出现了繁体字回潮的现象。如广州火车东站被写成"廣州東站"，这曾引起有关方面的批评。一般来说，繁体字大多出现在政府管控较疏的个体、私营企业和店铺的招牌中。例如，位于广州某大学门口的一家名为"宏興"的百货商店，店名中就有一个繁体字。这种现象在广州街头比比皆是。有人认为这是传统的回归，我们认为这是改革开放的产物。在大陆使用繁体字与在港澳和海外其他地区使用繁体字意义是不相同的。繁体字在经济繁荣的香港特别行政区、澳门特别行政区具有合法的地位，也是当地居民惯用的书写符号。广州的私营店铺在招牌中使用繁体字不是因为繁体字的传统价值，而是因为繁体字与港澳的联系。店主希望通过繁体字，使人联想到港澳，以便给人一种信誉好、质量优的感觉。所以，我们认为，广州街头繁体字的回潮并非一种传统的回归，而是与改革开放联系在一起的一种社会现象。文字形态与文化价值观念的联系由此可见一斑。文字形态的意义有时甚至可以是一种约定俗成。例如，中国就有用红颜色的笔写信表示断交的说法。结婚时的大"喜喜"字可以是红字、金字或红底黑字，但绝对不能用白字或白底黑字。

　　第三，文字形态受到情景的制约。这种制约可以来自两个方面：一是场地。例如，路牌的字主要起指示的作用。如果字不够大或不够清晰，效果就会大打折扣。所以用草书书写路牌几乎是不可想象的。又如，在诸如大会等比较严肃的场合，使用草书或行书来书写大会主题的横幅，也是不适宜的。二是载体和工具。例如，在信纸上书写，字可以写潦草一些。但在石头上刻字，除了特殊原因，一般倾向于选用较端庄的字体。

2. 书面语的空间布局

在物质载体上，书面语不仅自身形态有变化的可能性，而且向人们展开了一个空间的平面，有上下左右几个方向，各个组成部分共同组成有机整体。以下面的一张名片为例：

法国语言学家阿里斯提出一个"格子原则"，认为："有书面语，就意味着有一个视觉平面。平面根据文本的内容，可分成多个格子"（Harris，1993：229）。而且，大格子里面还有小格子，格子之间形成一个层层递进的等级关系。根据这一"格子原则"，我们可以把上图所示名片的信息分成三个大格子："广东外语外贸大学"为一个大格子，是关于当事人所属单位的信息，中间部分为第二个大格子，涉及当事人的姓名及身份，画线以下的部分为第三个大格子，提供了当事人的通讯方式。每个大格子里面还可以分出小的格子。例如，第二个大格子可以分成4个小格子，如同一份表格，涉及不同的信息：1）行政职务："西方语言学院院长、跨文化研究中心主任"；2）姓名：郑立华；3）职称："教授（博导）"；4）学位："博士（巴黎第五大学）"。再分下去，行政职务一格又可分为"西方语言文化学院院长"和"跨文化研究中心主任"两个格子。最后，每个字都成为最小的格子。从这里我们可以看出，"格子原则"对书面语平面的划分是以视觉特征为基础的，与语法和语义关系不大。每个格子与其他格子在方位上都有所区别，或是上下不同，或是左右不同。字与字之间的间隔是区分每个字的依据。如果是外语单词，那么词由比较大的间隔区分，字母由比较小的间隔区分。如"Good Morning"先分为两个单词"Good"和"Morning"，"Good"又可分成4个字母"G、o、o、d"。

3. 书面语形态变化与空间布局的结合

从上面的名片上我们可以看出，书面语视觉平面展现给我们的不仅有方位的特征，而且有书面语本身形态的特征，因为名片上不同的信息使用的字体不一样，字体的大小也有差异。所以，书面语平面结构是书面语形态和空间布局结合的产物，两者互为补充。为了说明这一点，我们可以想象在保持书面语形态特征的前提下把名片内格子的空间布局调动一下，如变成：

虽然看起来有点困难，但借助书面语的形态特征，我们能够辨认字与字之间的关联，区分不同的格子。从这里我们可以看出，书面语的形态特征不仅参与格子的区分，（因为名片上不同的格子使用的字体不一样，字体的大小也有差异）而且对格子内部有整合的作用。正因为这样，我们在将名片各个部分调乱位置之后仍然可以恢复原状。

书面语的空间布局由于受到口语习惯的影响，会有文化上的差异。例如，信息顺序的排列在汉语和在法语中就很不一样。在介绍一个人时，我们用汉语会说："这位是广东外语外贸大学西方语言文化学院院长郑立华教授"。但如果用法语，则必须说："Monsieur Zheng Lihua, directeur de la Faculté des Langues et Cultures européennes de l'Université des Etudes étrangères du Guangdong"（直译是：郑立华先生，西方语言文化学院院长，广东外语外贸大学）。这种文化差异也反映到了名片上：

在这张法语名片上，信息以"从小到大"（人名—系名—校名—市名—国名）的顺序排列，与汉语的顺序正好相反。但是，值得我们注意的是，书面语的形态特征又让两种文化产生了交集。不管是汉语名片还是法语名片，都有一个突出最重要信息的问题，这是由人类交际的共性所决定的，因为书面语（不管是汉语还是法语）面对的是读者，有引起读者注意的需要。在一张名片中，最重要的信息是人名。不管是放前还是放后，人名在这两张名片中都因为形态上特殊（字体较突出、字号较大、加粗）而被推到了前台，最先引起读者的注意。即使不懂汉语或法语，读者都能轻易找到名片中的人名。这也意味着读者读名片的顺序，很有可能与书写的顺序不一样。

一本书书面语信息的层次一般是通过题目、内容来区分的，并不需要用特别的手段来强调某些信息，因为读者看书时注意力已经自动集中到书本上了。但在工作环境和日常生活环境中，信息纷杂，而且读者来去匆匆，所以，要想充分传达信息，书面文本就必须突出最重要和最紧迫的信息。这种情况在广告中特别明显。试看下面的一则广告：

在这张广告中，"眼袋"两个字几乎占据了一半空间。我们必须从广告所处的环境来解释这一现象。这是刊登在报纸广告版上的一则广告。相对于电视上播放的广告，报纸上的广告处于被动的地位。如何利用有限的空间，在整版密密麻麻的广告中引起读者的注意，是广告制作者的首要任务。为了达到目的，制作者必须揣摩读者注意力的走向。当读者打开报纸看广告时，他首先注意的问题是：这张广告是关于什么的？然后才去注意细节，如地点、价格、好处等。"眼袋"两个字以特别显著的位置回答了读者关心的最主要的问题。这个效果是书面语的形态变化与空间布局变化相结合的结果。"眼袋"两个字不仅在整个广告的空间布局中占据重要位置，而且字体粗大，形态突出。进一步观察之后，我们还可以发现这里书面语形态与空间布局之间交叉的现象。上面我们提到，一般来说，同属一个格子的文字形态基本一致。但在这里，情况不完全是这样。根据上面的"格子原则"，"眼袋"和"新法祛除"应该分属两个不同的格子，因为空间布局不同，形态也不同。但事实上，读者细读广告时，两者是可以被连起来读的，变成"新法祛除眼袋"。也就是说，根据读者注意力的移动，本来属于两个格子的信息可以合为一个格子。或者倒过来说，为了吸引读者的眼球，制作者把原本属于一个格子的信息变成两个格子，使一部分信息显露出来。使用的办法，就是改变书面语的形态和空间布局。在这则广告中部的小字说明中，部分内容也被改用了黑体和加粗，目的同样是为了引起读者注意。

第三节 书面语交际的特殊性

口语的语音性和书面语的可视性之间的差异应该是口语与书面语之间的一个最本质的差异。其根源在于，说出来的言语和写下来的文字与身体动作的关系不一样：口语交际是一种发声的动作，与我们的身体紧密联系在一起，而书面语是一种动作留下的文字痕迹，与我们的身体是可以脱离的；文字是一个物体，人们可以脱离信息发出的人，以静态的方式对一个静态的刺激物作出从容的反应；口语不是一个物体，人们处在交际的情景中，必须以动态的方式对一个动态的刺激作出即时的反应。口语和书面语产生方式不同，在交际上表现出来的优势也不同。下面我们讨论书面语有别于口语的两个特殊现象，即"多个作者共存"现象和"多个作者合一"现象。

1. 多个作者共存

口语交际中，由于其线性特征，同一时间展现在我们面前的一般只有一个声音，众人一起高呼口号是一种特殊情况。而书面语具有物质载体，展现在我们面前的是一个空间平面。因此，书面语具有某些口语不可能有的功能。上文提及的"多书写现象"就是书面语特有的现象。具体地说，"多书写现象"指的是，多个作者同时出现在一个书面文件当中。医院里的病人医疗记录就是一个突出的例子。在医疗记录本上，人们可以看到多人的笔迹和签字，有医生的、护士的、护理人员的。行政部门的文件会审表也是多个作者参与的产物。通常的情况是：在一份下级部门递交的申请报告上，附有一张会审表，某位主管部门的领导写了意见，签了字，另一位更高一级的领导在前面领导的意见与签字的基础上又写了意见并签字，如此层层上传，直到最高领导。一轮下来，会审表上就有三四个人的意见和签字。可见，正是书面语的可视性特征催生了"多书写现象"，多个作者共存这一现象也只在书面语中才有可能存在。我们可以从共时和历时两个角度来研究"多书写现象"。从共时的角度出发，我们可以研究书写者的地位与书写方式之间的关系，如地位不同的人书写的正规程度可能不一样，签字的可辨认程度可能会有差异，签字的地方也会有所不同等，也可以研究多个参与者之间的任务分工以及企业活动的协调模式。从历时的角度出发，我们可以分析多个作者之间的互动，研究一个书写信息是如何生成另一个书写信息，并形成类似"话语轮"的"书写轮"（Fraenkel, 2001a：127）现象，以及"书写轮"之间是如何进行协调的。"多书写现象"常常给我们提供事件的线索以及问题处理过程的痕迹。

2. 多个作者合一

在口语交际中，除了二重唱等音乐现象外，一般不大可能出现两个人同时讲话的情况，也不可能出现一段话由两个人合作说出来的情况。但空间的多维特征和可视性特征使多个作者合一的现象在书面语交际中成为可能。与多个作者共存的现象相反，多个作者合一的现象指的是：我们表面上只看到一个作者的署名或签字。然而单一的作者里实际上包含了多个作者。我们可以用支票来说明这一现象。当我们填写了一张支票并把它交给商场时，我们是这张支票的发出者和作者。但实际上，作者还包含了银行，因为我们不是在一张白纸上填写，而是在一张事先印好的空白支票上填写。商场之所以承认我们的支票，正是因为这是持票人与银行合作的文本，两者缺一不可：白纸上写的支票无效；没有持票人签字认可的支票也无效，这两种情况之一导致的直接结果是商场到银行兑不到钱。在口语交际中，当我说"我警告你"时，相对于听话人，我完成了一个"警告"的言语行为。但当我们把一张支票交给商场时，作为言语行为，支票的施为之力并不产生于我们与商场的关系之中，而产生于我们与银行的关系之中。当我们在一张支票上填上数目并签上名之后，我们与银行就一起完成了一个言语行为，即双方承诺这张支票具有与钞票同等的效力。在完成这一言语行为时，作为作者，双方都必须遵守一定的规范：银行发出的支票必须是正规印刷，带有银行标志，代表着银行的权威与承诺；签字人的身份必须与持票人的身份一致，签字必须签在指定的地方，而且签字的外形必须与事先在银行存底的签字一致。至于这张支票最终能否完成支付行为，还有赖于其他社会条件：如接收支票的商场不仅承认支票的效力，而且具备兑现支票的能力等。多个作者合一的现象在工作环境中的书面语中随处可见，如订单、收据、签到表、质量验收单、质量记录表等都是如此。从这里我们可以看到书面语特有的规范与调节的功能。在口语交际中，由于双方都是人参与的，所以双方的行为是不确定的。在书面语交际中，交际的一方（读者）是人，另一方是物（文本），物的背后才是人（作者）。所以，通过文本参与交际的作者行为在没有参与交际之前就已经被固定在文本里了。现代社会正是利用书面语固化作者行为的功能和多个作者合一的可能性，通过大量的表格事先规定了填表人的行为。阿里斯指出："在一个文件化的社会里，人们看到，个人最重要的行为，如承诺、约定、购买、要求等，越来越多地被别人通过书面语的形式格式化了"（Harris，1993：187）。我们看到，在工作环境中，书面语正改变着主体与行动之间的关系。事先拟定的程序指南、岗位分析表、质量检验单及其他书面文件形成了一个行动的书面的框架，事先就把行动的过程预设好了。而且随着信息技术的使用，这种预设越来越具备强制性的特征。例如，以前申请加入互联网时，在申请表的最后，有一段事先拟好的承诺，申请人必须把承诺抄一遍，变成自己的承诺。现在，在使用某个电脑程序时，常常有事先拟好的协议，电脑会提供两个选择："愿意接受协议"或"不愿意接受协议"。如果选"不愿意接受协议"，程序根本就进行不下去。电脑上提供的表格也常常带有强制性。少填或错填了某项内容，程序就无法继续。在别人写了部分内容的书面语上填上自己的内容并签字，与口头上的承诺是完全不一样的。在口头承诺中，我们可以说："我同意你提出的条件"或"我同意你的意见"，我们是唯一的话语作者和话语责任人，"我"与"你"是两个不同的个体。但当我们在加入互联网的申请表上签字时，我们不仅承认了对方要求的合理性，而且把对方的要求变成了自己的承诺，"我"与"你"合为一体了。

第四节　书面语的特殊媒介功能

由于有物质载体，书面语获得了两个重要的特征：一是具有可视性；二是具有稳定性。这两个特征使书面语具备了口语所没有的特殊媒介功能，并使其对人类社会与文化的发展产生了强大的推动作用。英国著名人类学家古迪认为：纵观人类社会的发展及人类的成就，最大的变化莫过于从口语转向了书面语。书面语加入到人类文化的工具行列，为一个社会的成员所用，从而引发了一系列的变化（Goody，1994：267）。

书面语交际所带来的"书写思维"改变了人与社会在经济、宗教与法律等主要领域的关系（Fraenkel，2001a：114）。书面语的特殊媒介功能主要表现在如下几个方面：

一、书面语推动人类社会的发展

首先，书面语扩大了人类交际的范围与可能性。书面语突破了时空限制，使交际双方不必在同时同地出现，远隔千山万水的交际成为可能。这样无疑就解放了交际参与者，使社会群体的活动范围和交往范围得到飞速扩张。书面语的使用是人类交际方式的一种关键性改变。古迪认为，交际方式的改变与生产方式的改变具有同样重要的意义，因为交际方式的改变意味着人与人之间关系的改变和知识的储存、分析和创造方式的改变（Goody，1979：86）。有了文字，"群体内部人际间的社会联系、群体与群体之间的社会联系就日益密切，信息交流日益扩大，复杂的、立体的社会组织有了成立的基础；经常性的、大规模的群体社会活动有了进行的条件；广泛的、多种类多层次的文化交流有了更为实用的媒介"（邢福义，2000：153）。其次，书面语改变了人类知识的传承方式与信息储存的方式。在信息的传承与保存方面，书面语具有口语不具备的三个特别功能。第一，它保证了信息的一致性，因为它提供的是可以无数次被重复而不走样的物化参照物（Goody，1994：196），不像口语那样容易走样，以讹传讹。这样，社会群体的记忆力得到了飞跃性的增强，后代人可以学习和使用祖祖辈辈积累起来的丰富知识和宝贵经验，把前人创造的文化成果变成后人生活实践的基础和发展文化的起点。我国汉代卓越的文字学家许慎在《说文解字·叙》中对文字这一社会作用进行了深入的分析和高度的概括："盖文字者，经艺之本，王政之始，前人所以垂后，后人所以识古，故曰本立而生道，知天下之至啧而不可乱也"（转引自邢福义，2000：152）。显然，在有文字的社会和没有文字的社会里，人们获取知识的方式是大不相同的。不同的方式也导致了不同的社会关系。在没有文字的社会里，知识以口语相传，长者成为智慧的象征，越年长的人积累的知识就越多，社会地位也越高。在有文字的社会里，知识以书面语传播，并不取决于某一个人，口传的经验反而因为缺乏依据而不被看重，社会地位于是与掌握书面语的能力相联系。古迪认为，"识字"和"不识字"不是一个简单的社会分工问题，而是社会分层问题（Goody，1994：172）。第二，书面语对信息的记录不像录音或录像那样简单复制，而是经过了内容上去粗存精的整理和结构上的重组（Goody，1979：143）。所以书面语不仅记录信息，而且更重要的是，它影响了信息的质量与结构："书面语不仅使信息记录成为可能，而且使信息的重组成为可能"（Goody，1994：196）。第三，作为信息保存的物质载体，书面语具有证据功能。书面语的可视性带来了它的痕迹性。信息一旦被写下来要进行更改就比较困难，于是书写的内容就成了证据。其实，痕迹一直是人类的一种烦恼，因为它为别人提供了我们行为的证据。正如动物由于留下痕迹容易被猎人逮住一样，人们也担心留下记录会对自己产生不利的后果。是否将所做的事情或要做的事情写下来，对人们的行为是有影响的，因为通常人们会因为书写留下的痕迹而对自己的行为有所顾忌。一些人类学家从这一点出发，认为书面语因为"具有痕迹性"，所以能够"发挥法律行为的功效，确定各方的权利与义务"（Fraenkel，2001a：124）。

二、书面语促进人类思维的发展

书面语给言语提供了一个固定的形态，于是，记忆不再是脑力活动的主要内容，人们摆脱了口语交际的限制，可以对着一个脱离了具体情景的文本，反复地看，从容地进行思考与研究。文本促进思维走向抽象化、概念化和理性化。正如古迪所言：反复审察言语的可能性扩大了批评的空间，促进了理性的思考，培养了怀疑的态度，推动了逻辑的推理（Goody，1979：87）。可见，文字不仅使人类的贸易与行政管理从时间和空间上得到扩展，而且改变人们认识世界的方式。"书面语交际创造了一种'书写思维'。这种书写思维同时改变了个人与社会的基本组织——经济的、宗教的和法律的。"（Goody，转引自 Fraenkel，2001a：114）。书面语也被看作是促进分析、逻辑思维和抽象归类的媒介。社会学家拉图尔（Latour，B.）在研究了科学家们在实验室的科学活动之后，发现写写画画在科学思想的形成中起着重要作用。他把书写视为一种重要的"思维的工艺"，认为写下、记录、画图等书写活动可以解释科学的巨大进步（Fraenkel，2001a：115）。法国心理学家诺曼（Norman，D.）从认知人类学的角度研究书面语的作用，认为笔、纸、书面记录、清单、文章、书等都是强化人类思维能力的人脑外部的工具（同上：116）。

三、书面语促使语言向条理化和准确化的方向发展

德里达认为，书写是意义的无限置换，这种置换既决定了语言，也把语言置入它本身无法到达的新境地。因此，他得出结论：书写实际上是语言的前提，并且必须被构想为先于言语。这一"字在言先"的思想可以被理解为文字对语言的深化和规范化，对思维的精密化和条理化所起的主导和领先作用（张公瑾，1998：101）。罗常培、吕叔湘在《现代汉语规范问题》一文中谈到书面语时也说："它领导整个语言，包括日常口语，向更完善的方向发展"（转引自张公瑾，1998：101）。这里有三个方面的原因。第一，口头语言瞬息即逝，起落无定，使人难以反复地修改加工。而书面语言白纸黑字，发讯者可以从容不迫地对信息进行再处理，再排列，不断理清自己的思路，组织论点论据，遣词造句也可以反复推敲、琢磨、润色、加工。这样就逐渐地使语言摆脱了它最初的那种简单、贫乏的表现形式，而最终成为一种具有丰富词汇和严密结构的交际媒介。第二，用书面语进行交际时，交际的双方不在现场，表情、姿态、手势、语音、语调等直观的信息没有了，发讯人需要逻辑严密的表达才能让收讯人理解。正如语言学家勒德（Reder, S.）所言："在面对面交际中，丰富的非言语表达和周围环境帮助人们建立理解背景情况，而这在书面交际里通常是没有的，因此书面语比口语更需要抽象词汇的帮助，也需要更多的泛指名词形式"（转引自 Goody，1994：275）。从这个角度上讲，书面语增进了语言的抽象化程度和作为思维形态表达形式的能力。法国人类学家皮维达尔指出："书面语的诞生给口语带来了巨大的变化。有了书面语之后，一个民族的口语和以前不一样了"（Pividal，1976：25）。书面语对口语的影响部分地来自书面语较高的社会地位，正如古迪所言：当口语和书面语并存时，口语必定要受到书面语的影响，特别是当书面语与某种较高的社会地位相联系的时候（Goody，1994：95）。第三，口语被书写下来之后，就由隐性走向了显性，获得了物质的形态，单词有了固定的形状，语法规则从无意识状态上升到有意识的状态，方便了人们的学习，语言逐步走向规范化。古迪这样描述书面语对口语的作用："句子结构或语义结构在人们未认识它们之前就已经存在了，但大家只会使用，说不出个所以然来。把它们写下来，不仅仅使它们显露出来，而且改变它们的地位，改变语言使用者对它们的态度：因为它们变成了规则"（Goody，1979：10）。

综上所述，具有物质载体是书面语有别于口语的重要特征之一。它表明，口语与书面语不仅产生方式、所依靠的社会环境以及交际模式不同，而且产生的结果也大不一样。物质载体带来的可视性和稳定性，使书面语在人类交际中发挥的作用与口语迥然相异。这也再次证明，书面语绝不仅仅是口语的简单重复。我们对书面语的研究不能局限于将其视为一种有异于口语的表达方式，而必须从它作为物质媒介的特殊性出发考察其对人类社会演变和人类认知发展所产生的深层次影响。书面语的使用不仅改变了社会生活中人与人之间交往的方式，革新了知识储存、分析和创造的方式，而且改变了人们认识世界的方式。书面语在人类文明的发展和人类自身的演化中发挥了极其重要的作用。

第五节　小结

麦克鲁汉有一句名言："媒介即是讯息"。他认为，书面语不仅是信息的载体，而且对信息具有强烈的反作用（何道宽，2001：205）。古迪也指出："交际系统的变化对所传递的内容必然产生重要的影响"（Goody，1979：46）。我国学者申小龙提出类似的观点："文字和口语相比，使用了不同的表达形式，这种形式本身参与着意义的建构"（申小龙，2003：401）。所以，对书面语的思考，必须超越传统语言学的框架，更不能用研究口语的模式来研究书面语。从交际的角度看，书面语作为媒介的特殊性在于它的可视性和物质性，因为"书面语的使用与其载体的物理特征和表现功能有着密切的联系"（Fraenkel，2001b：241）。所以，它除了传递文本信息，还负载着与它的特殊性联系在一起的多种社会意义。首先，物质载体作为一种物质，是人类行为的产物，与一定的社会文化背景相联系，从而具有人类学上的意义，这个意义也是交际意义的组成部分，并与交际意义相互作用。其次，书面语是一种痕迹，与不带痕迹的口语相比，往往更具有法律上的效力。而且，在各种文化中，总有一些无法书写的内容。这就使"写下来"与"说出来"具有不同的分量与价值，使写下来本身就有了意义（Harris，1993：16）。再次，书面语并非一般的痕迹，而是一种技能的产物，因为不是所有人都具有书写的能力，这就使书面语具备了社会学上的意义，"书写"成为一种社会行为，是否具有书写的权力与书写内容的优劣反映出社会地位与能力上的差异。最后，书面语提供了一个视觉平面，使书面语的形态与空间布局具有了符号学上的意义。上述提到的种种社会意义，超越了文本所传递的语言学意义。这些意义的形成，一方面与书面语的物质载体固有的特征有关；另一方面与人们在实践中形成的关于书面语及其载体的观念有关。所以，这些意义会因文化的不同而有所差异。在书面语交际中，最终交际意义的实现，是文本的语言学意义和与上述多种意义交融互动的结果。必须指出，作为特殊的媒介，书面语的威力远远超越了交际的层面。它对人类社会的进步、人类思维的抽象化以及语言本身的发展起到了巨大的推动作用。

第三部分

书面语与质量管理

　　这部分首先从历史的角度阐述书面语与质量管理的关系（第六章），然后对企业中的书面语进行分类（第七章），接着分析 ISO 9000 质量体系给企业带来的新型书面语（第八章）和管理上的变化（第九章），最后阐述书面语作为管理载体的局限性（第十章）。

　　书面语与口语的一个重要差别在于书面语具有可视性和痕迹性。ISO 9000 质量体系的"写你所做的，做你所写的，提出证据"的原则正是依此建立并推动了企业中人际关系的变化和管理模式的变革。

第六章
书面语与质量管理

　　"质量"是一个古老的话题。人类历史上自从有商品生产以来，就有了以商品的成品检验为内容的质量管理。后来，随着社会的发展和科技的进步，质量管理的理论与方法不断地得到丰富与完善，并在不同的社会发展阶段中呈现出不同的特点。作为一种人类活动，质量管理离不开语言（口语或书面语）这一载体。但语言在不同的质量管理模式中所扮演的角色有所不同。本章将分析书面语在质量管理的不同发展阶段中所起的作用及其特点，并探讨书面语与质量管理之间的关系。

第一节　书面语与传统质量管理

　　在大规模工业化生产出现之前，传统的工业商品生产以分散的家庭手工业作坊为主要基地，以小规模生产为主要方式。在这种情况下，产品质量的好坏基本上取决于工匠的经验。生产过程中，工匠靠手摸、眼看或借助简单的度量衡器来判断质量。他既是产品的生产者又是产品质量的检验者。他的经验实际上就等于质量的"标准"。这种主要靠操作者本人依据自己的手艺和经验来把关的管理也被称为"操作者的质量管理"。工匠的生存与其产品的质量息息相关。一方面，产品质量的好坏取决于工匠的手艺、经验与工作态度；另一方面，产品质量的好坏影响工匠的名声，因为工匠通常也是产品的出售者。所以，对工匠来说，技艺的修炼成了他们的生存方式，而产品的质量则是他们的生命意义所在："古代的许多工匠、艺人，其所操持的手艺并非单单的为养家糊口，而成为性命所系和生命意义的徽章"（郭应和，2004：55）。在作坊时代，工匠身上的知识与技艺有很多的成分是不能用精确的公式或语言表达出来的，所以知识与技艺的传授、生产的实施以及产品的质量检验主要靠"师傅带徒弟"的形式及口授手教的方法来实现。然而，即使在那个时代，书面语依然发挥了不小的作用。当时书面语在质量管理中的作用主要有两个。一是以印记的形式留下制作者的痕迹。例如，在我国先秦时期的《礼记》中的"月令"篇中，就有"物勒工名，以考其诚，工有不当，必行其罪，以究其情"的记载，其内容是在生产的产品上刻上工匠或工场名字，目的是为了考查质量，如质量不好就要处罚和治罪（郝志安，2003）。在产品上刻上名字，使产品带上制作者的痕迹，其作用有如现代的"质量声明"或"质量保证"。书面语的另一个作用，就是以法规的形式对质量进行控制。"历代封建王朝，对产品都规定了一些成品验收制度和质量不好时的处罚措施。官府监造的产品一般都由生产者自检后，再由官方派员验收，而且秦、汉、唐、宋、明、清朝都以法律形式颁布对产品质量不好的处罚措施，如笞（杖打 30、40、50 次）、没收、罚款和对官吏撤职、降职等处罚规定"（郝志安，2003）。可见，作为语言形式之一，书面语在传统质量管理中已经发挥了重要的作用。

第二节　书面语与泰罗的科学管理

泰罗是美国古典管理学家、科学管理的主要倡导人。他第一次系统地把科学方法引入管理实践，集前人管理思想和管理经验之大成，提出了科学管理原理，开了管理理论研究的先河，使管理真正成为一门科学。泰罗因此被人们称为"科学管理之父"，其创立的科学管理理论与方法也被称为"泰罗制"。泰罗制的出现是与大工厂生产联系在一起的。20 世纪初，随着资产阶级工业革命的成功，机器生产逐步取代了手工作坊式生产，大批劳动者集中到一个工厂内进行批量的生产劳动。从作坊到工厂，生产者与产品的关系经历了三个重大的变化：首先，工人受雇于老板，产品制造者与产品拥有者不再同属一人；其次，工人只管生产不管销售，这就断绝了产品制造者与产品使用者之间的直接接触；再次，工人往往只负责制作一个产品的某个部分，产品制造者对完美产品的满足感与自豪感消失了。以前，工匠为自己生产，视质量为生命；现在，工人为老板干活，领取工资，没有了那种来自客户的直接压力和对优质产品的渴求。在这种情况下，对于领导层和管理层来说，如何确保产品的质量的确成为一个问题。面对这一问题，泰罗制应运而生。

　　泰罗制不仅直接推动了科学管理运动的兴起和当时社会生产力的提高，而且对以后的质量管理理论的发展也产生了深刻的影响。30 年代出现的"统计质量管理"和 50 年代崛起的"全面质量管理"其实都是建立在泰罗制基础之上的。正如著名管理学家厄威克斯所说："目前所谓现代管理方法，如果不说绝大多数，至少有许多可以追溯到泰罗及其追随者半个世纪以前提出的思想。这些管理方法虽然已经改进和发展得几乎同原来面目全非了，但其核心思想通常可以在泰罗的著作和实践中找到"（牙韩高，2000：60）。泰罗制与书面语之间有着非常密切的关系。一方面，我们可以说，离开了书面语，便没有了泰罗制；另一方面，正是有了泰罗制，书面语才开始作为理性的工具在企业中被广泛地使用，才出现了专门以书写为主要工作的官僚阶层。在泰罗以前，企业也使用书面语，但涉及的领域不外是劳资关系（如劳资合同、厂规等），企业核算（如财务、销售、工资等）和对外联系（如有关生产、销售、财务等方面的对外往来信件）等。劳动的组织与安排基本上是通过口语的形式来进行的。泰罗之后，书面语在企业中的使用，无论在数量上还是在质量上，都发生了根本的变化。

一、书面语在职能分工中的作用

　　在传统的管理中，管理者与被管理者的身份部分地重叠在一起，因为管理职位往往被行业中最优秀的工人所占据。在这种管理模式中，管理者（优秀工人）主要靠自己吃苦耐劳的精神、丰富的工作经验和较高的工作热情去影响其他工人。工人凭个人或师傅传授的经验去工作。生产的效率掌握在工人手中，取决于工人的熟练程度和他们工作时的心态。这一简单而原始的管理方法适用于作坊式的生产，但无法适应工厂中的大规模生产。泰罗认为，即使工人能十分适应科学数据的使用，但要他同时在机器边做工与在写字台边写东西，实际是不可能的。这不是最高效率，必须用科学的方法来改变。为此，泰罗主张："由资方按科学规律去办事，要均分资方和工人之间的工作和职责"，也就是说，必须把计划职能与执行职能分开来，并在企业设立专门的策划机构。泰罗在《工厂管理》一书中为专门设立的计划部门规定了 17 项主要工作，包括企业生产管理、设备管理、库存管理、成本管理、安全管理、技术管理、劳动管理、营销管理等各个方面。具体说来，计划部门要从事全部的计划工作并对工人发布命令，其主要任务是：1）进行调查研究并以此作为确定定额和操作方法的依据；2）制定有科学依据的定额和标准化的操作方法和工具；3）拟订计划并发布指令和命令；4）把标准和实际情况进行比较，以便进行有效的控制。在生产现场，工人则从事执行指令的职能，即按照计划部门制定的有关操作方法的指示，使用规定的标准工具，从事实际操作，不能自作主张、自行其是。可见，在泰罗制中，书面语起到了界定资方与工人之间、管理者与被管理者之间关系的作用，因为有权写文件并制定操作规范的是资方或资方指派的管理人员，工人并没有权利涉足书面语，而只能按别人写的文件行事。工人似乎是接受书面信息的机器。只有管理者才能为工人准备指导性的卡片并科学地安排他们的工作。

二、书面语在标准化操作中的作用

在以经验为主导的传统管理中，工人使用什么样的工具、怎样操作机器，靠的是师傅的传授或个人在实践中的学习与摸索。泰罗认为，科学管理必须用科学知识代替个人经验。而要达到这一目标，重要的途径之一是推行工具标准化、操作标准化、操作动作标准化、劳动环境标准化等标准化管理，因为只有实行标准化管理，才能使工人使用更有效的工具，采用更有效的工作方法，从而达到更高的生产效率；同时，只有实现标准化，才能对所有工人在标准条件下的工作成绩作出公正客观的评价。

标准化的一个重要内容是把工人隐性的个人经验显性化，变为集体的知识。这一过程没有书面语的参与是无法完成的。泰罗说："科学管理并不一定就是什么大发明，也不是发现了什么新鲜或惊人的事。科学管理是过去存在的诸种要素的结合，即把老的知识收集起来，加以分析、组合并归类成规律和条例，于是构成一种科学"。所以，管理人员的首要责任就是把过去工人自己通过长期实践积累的大量传统知识、技能和诀窍收集一起，用文字记录下来，进行归纳、整理、分析、比较，从中找出具有共性和规律性的东西，然后将其凝练为规范和守则，或编成表格，有些甚至概括为数学公式，最后将这些规律、守则、条例在企业公布实施，通过规则使工人的活动统一化、规范化。

三、书面语在企业管理中的作用

不仅生产操作要规范化，企业对人的管理也要规范化。于是，规范化从物延展到了人，管理对象从工人扩大到了企业的所有人员。泰罗认为，规范化、制度化是企业大规模生产的要求，是任何先进管理思想得以实施的基础，是实现科学管理的依据。在他看来，只有制定严格的规范，企业按章办事，主管人员才能集中精力制定企业的大政方针和处理少数的"例外事件"，工人的行动才能有章可循，否则势必造成管理的随意性和生产的混乱。而且，泰罗强调，规范必须清楚明确。他认为，规范或指示不明确，是引起劳资矛盾、造成低效率的重要原因。而规范的制定无疑离不开书面语。这与书面语本身具有的明确性、固定性、痕迹性等特征分不开。在泰罗制那里，书面语处于先导的地位。泰罗坚持凡事必须先有书面的计划、规定、评判标准等，然后根据所写按部就班，使工作中的每一个步骤、每一个细节都有章可循。总之，管理上要用书面语代替口语，用法治代替人治。

很多学者认为，科学管理为现代质量管理奠定了基础（Mispelblom Beyer，1999：47）。其中最主要的原因，是因为泰罗以书面语为载体，把管理建立在科学的理性上。这就为质量管理的高度抽象化与形式化创造了可能性。也正因为有了抽象化与形式化，现代质量管理才得以超越某个具体行业或某个具体国家，成为全球性的运动。

第三节 书面语与 ISO 9000 质量体系

随着国际经济发展中出现的地区化、集团化趋势日益加剧，国际市场的激烈竞争愈来愈表现为产品质量的竞争，各国质量管理方法和质量认证制度的差异越来越成为产生新贸易技术壁垒的重要因素。所以，如果不能在国际贸易中统一质量认证制度，将会严重阻碍国际贸易的发展。为此，1987 年，国际标准化组织（ISO）发布了 ISO 9000 系列标准，使各国质量管理的概念、原则、方法得到统一。ISO 要求各国以参照、等效或等同的方式采用 ISO 9000 标准并作为本国的质量标准。迄今为止，已有 200 多个国家采用该标准为国家标准，并被广泛应用于工业、金融、贸易、教育等领域。我国于 1992 年等同采用了 ISO 9000 标准。

ISO 9000 认为质量形成于社会化大生产的全过程之中，因此，要想保证产品质量，就必须使影响质量的全部因素在生产的全过程中始终处于受控状态。为了达到这一目的，必须建立一套严密的文件化体系，通过质量手册、质量体系程序、质量计划和质量记录等文件来控制生产全过程。可以说，书面语就是 ISO 9000 标准实施的唯一途径与载体。它的一个口号也印证了这一点："写你所做的，做你所写的，提出证据"。著名质量管理专家菲根堡姆博士在其《全面质量管理》一书中对质量体系作过如下定义："质量体系是全公司和全工厂协调一致运转的工作结构。它用文件的形式列出有效的、一体化的技术和管理程序，以便以最好、最实际的方式来指导公司和工厂的工作人员、机器以及信息的协调活动，从而保证顾客对质量满意和经济的质量成本"（转引自周朝琦、侯龙文，2000：1）。这个定义告诉我们，文件是质量体系运作的形式。所以，我们可以说，质量体系实际上是一种建立在集体书写基础上的管理体系：用书面语描述企业里的工作，通过书面文件进行认证，通过书写行为控制质量。

由此可见，ISO 9000 质量体系与泰罗制一样，都是通过书面语来建立与实施。但是，比较两种书面语的使用，我们可以发现两者之间有着本质上的差异。

一、书写者不同

在泰罗制中，书写者与执行书写内容的人是分开的，即写的人是管理阶层，工人只有执行书面指令的责任而没有书写的权利。在这种情况下，各阶层参与书面语写作的程度不同：工人一般满足于用口语来交际与工作；管理层借助书面语来传达他们的指示；处于中间层的秘书、管理人员、科研人员等会定期书写文件，如秘书书写信函、车间主任书写计划总结、科研人员记录数据等。ISO 9000 质量体系贯彻的是全员参与的原则，要求人人都要书写，不仅管理阶层要写，而且工人也要写，工人写的不是指令，而是自己所做的工作和所遵守的行为规范。于是，写的人与做的人合为一体。这里的书面语与泰罗制中的书面语一样，也是对经验的描述、总结与提炼，所不同的是，不是由工程师来为工人做这个工作，而是每个人都写自己的所做，然后按自己的所写去做，也就是"写你所做的，做你所写的"，文件的制定者同时又是文件的执行者。由此可见，ISO 9000 给企业带来的一个重大变化就是把书面语的使用泛化了。原本只有中间层的人在做的工作被扩展到了各个阶层。不仅向下扩展（因为每位员工都要把自己的知识写下来），而且向上扩展（因为所有的管理活动都要有记录，并有解释）。质量体系把工程师的逻辑和思维方式扩大化了（Terssac & Friedberg，1996）。这一变化非同小可，因为工人写下自己的所作所为等于把自己的知识暴露给了所有人，这样可能危及自己的岗位；领导层把他们的决策过程或管理过程写下来无疑会失去很多可操作的空间。很多社会学家认为，全员书写是 ISO 9000 质量体系改变企业的关键（Cochoy *et al.*，1998：680-681）。

二、书写功能不同

泰罗制中的书面语主要起规范作用，如职能文件为各种人员界定职责与权限，操作文件规定工人的动作，规章制度规范企业行为，但文件与文件之间并没有内在的联系。ISO 9000 质量体系中的书面语也有规范的功能，因为质量体系希望通过文件，使各个职能部门职责明确，使企业的一切行为有章可循，有法可依。但在 ISO 9000 质量体系中，文件的规范功能被提升与强化了，文件变成了质量控制的手段，具有很强的系统性。首先，文件覆盖产品形成的全过程，包括市场调查、产品开发、原料采购、生产工艺、产品制造、检验和检查、包装和库存、销售和分发、安装运行、技术服务和维修、用户处置等环节。从市场需要开始，到售后服务为止，形成一个庞大的系统。系统内的每个环节都有文件指导，规定行为的目的，行为的内容和执行者，执行的时间和地点，对行为的控制和记录等。同时规定各个行为之间的衔接部分，使每个环节的活动既具有各自的独立性，又紧密相连成为一个有机整体。其次，文件之间形成一种内在联系。整个文件体系的框架结构犹如一个正三角形：最上面是质量手册，阐明了企业的质量方针和质量目标，规定了企业各组织机构的质量责职，是指导企业质量活动的总纲；中间层次是程序文件，阐述企业为了实现质量目标而采取的方法和措施；最下面则为质量计划文件，即作业指导书、规范等执行文件，是程序文件的细化和支撑，叙述质量体系运行过程中各个相关环节的具体工作步骤和要求。ISO 9000 质量体系中的书面语还有另外一个重要功能，即质量保证的功能。这在泰罗制中是没有的。质量保证（Quality Assurance）的含义是"为使人们确信某一产品、过程或服务的质量所必需的全部有计划有组织的活动。也可以说是为了提供信任表明实体能够满足质量要求，而在质量体系中实施并根据需要进行证实的全部有计划和有系统的活动"[1]。质量保

---

1 引自《百度百科》：http://baike.baidu.com/view/522672.htm。

证包括对内的质量保证和对外的质量保证。对内的质量保证指各个环节的质量控制活动都必须向主管领导提供证明，经得住检查和考验，而且是层层保证，如操作工对班组长，班组长对工段长，一直到厂长；对外的质量保证指的是对用户、经销对象、服务对象、认证机构的保证。质量保证的焦点是证实企业的质量体系具有适用性和有效性。它可以通过现场展示的方式，但更多的是以提供书面证据的形式实现的。其中，质量记录发挥着重要的作用。如果说，体系文件（如质量手册、程序文件、作业指导书等）具有证实质量体系运行适用性作用的话，质量记录则是质量体系有效运行的证明。质量记录以文字或表格的形式，记录企业在实施质量体系运作中的状态和结果，并为验证质量体系运行是否持续提供有效的证据（汪于勤，2000：19）。上级部门或认证机构正是通过检查质量记录来验证企业活动是否按照质量体系标准进行运作的。例如，企业建立质量体系之后，要试运行一段时间，然后再进行内审环节，即企业内部组织人员对质量体系运行的各个环节进行自我检查。如发现问题，不能像以前一样，提出口头改进的意见，而必须填写《内部质量审核不合格报告》交给相关部门，相关部门则要用书面形式提出改进措施。这样的书面材料对内来说，是一项活动的过程和结果的记录，对外来说则是证明企业质量体系有效运行的佐证。

三、书写文件的管理方法不同

在泰罗制的企业里，书面语用得很多，但基本上没有针对书面文件本身的管理，而在 ISO 9000 质量体系里，书面文件本身就是质量控制的一个因素，所以形成了一套以书面文件为对象的管理体系。

在 ISO 9000 质量体系里，书面文件既是质量体系有效运行的制度保证和法规依据，又是质量控制的重要手段，同时还是质量体系审核和评价的凭证性材料。所以，"可以这样说，没有文件就没有质量体系，没有文件的质量就没有产品的质量，没有对文件的控制就没有对产品质量的控制"（罗玉英，1999：19）。正因为文件本身的管理如此重要，所以 ISO 9000 质量体系包含了以文件为控制对象的"文件质量体系"。文件质量体系也有质量手册、程序文件、质量计划和质量记录。例如，程序文件规定了文件的更改应由谁来更改，更改的依据是什么，用什么方法更改，如何控制更改，更改后的信息如何传递等；质量计划则为文件的编号、发放、归类、存放、回收等制定了具体的方法；质量记录包括收发文登记、更改单等。

这里，我们要特别强调文件的更新，因为这涉及到 ISO 9000 质量体系文件的一个重要特征。在泰罗制中，工人必须遵守有关的操作规范，符合性是衡量工人行为的一个标准。ISO 9000 质量体系的侧重点是文件与实际操作之间的对应，对应性是认证机构审查的一个重要内容。所以，ISO 9000 质量体系不仅要求人们进行系统书写，而且要求对所写下来的内容进行长期不断的修订和重写，使之与不断变化的实际操作相对应。

第四节 小结

人类追求质量的完美与至善的历史源远流长，但科学的质量管理作为近代工业文明的产物却是诞生于 20 世纪。在以"加工机械化、经营规模化、资本垄断化"为特征的工业化时代，质量管理经历了从低级到高级、逐步走向理性化和标准化的过程。人类进入 21 世纪之后，同时也进入了一个质量的新时代，正如世界著名的质量管理大师朱兰博士所言："20 世纪是生产力的世纪，21 世纪是质量的世纪"（转引自郎志正，1994：37）。在工业化过程中，书面语起过非常重要的作用，有学者甚至认为，工业化的历史首先是企业中的书面语的历史（Dewerpe，1992：11）。新世纪的质量管理突出过程化、标准化、国际化，这就使书面语的作用愈显重要。书面语在质量管理中不可替代的作用是与书面语所具有的明确性、固定性、痕迹性等特征分不开的。

第七章
企业中的书面语类型

　　长期以来，对书面语的研究存在两大缺陷：一是把书面语当作口语的复制品。如以索绪尔为代表的结构主义语言学只研究书面语的外部形式如词汇使用、语法结构、文体特征、篇章结构等，而无视书面语的物质特征及可视性特征。正如阿里斯所言："索绪尔式的分析最奇怪的一面是完全把符号的可视性特征以及由此产生的书面语交际的种种可能抛到一边而不顾"（Harris，1993：139）；二是把书本上的书面语（如文学作品、报刊文章等）的特征等同所有书面语的特征，认为书面语一定是脱离情景的。如以德里达为代表的很多西方学者在解构西方的"语音中心主义"的同时，认为书面语是一种"推延性交际"。其主要特征是作者先写，读者后看，作者不在阅读的现场，读者也不参与写作（转引自Fraenkel，2001a：126）。的确，不依赖某个情景而存在，这是书面语的一般特征，也是书面语与口语的重要区别之一。我们在上文也是如此论证的。然而，工作环境中的书面语有其特殊性，它与书本的书面语在产生、传递、理解等环节上存在一定的差别，这是我们在研究企业中的书面语时不能不注意的部分。在这一章，我们将根据书面语的物质性与可视性以及其在工作环境中的特殊性对企业中的书面语进行分类。

　　就我们所知，国内的图书馆尚未系统地收集存在于企业的书面文档。国外的图书馆近十几年开始收集这一方面的资料，并提出一个"企业印刷物类型学"（Cottereau et al.，转引自Fraenkel，2001a：113）的概念。该类型学区分两种企业文件：一是面向公众、顾客等的对外文件；二是内部使用的文件，如企业规章制度、内部通报、内部刊物、劳资合同等。这种分类有简单化的倾向。首先，它强调收集企业中的所谓的重要文件而忽略文件与工作之间的关系。如企业与外部的往来信件虽然都属于对外文件，但从文件与工作之间的关系来看，它们与企业内部的会议纪要、通知等同样出自秘书之手，与秘书的工作紧密相连。再如一份企业对外宣传的材料与一份订单虽然都是对外文件，但它们与企业日常运作的关系以及所起的作用是很不一样的。其次，该分类重视正规文件而忽视非正规文件。企业的文件虽然大部分是正规印刷物，然而，在企业中还流通着大量的非印刷物如便条、小纸片、草图等。这些非正规文件其实与企业中的具体工作有密切的联系，对分析书面语与企业之间的关系有着重要的意义。基于上述因素，我们下面将从书面语与工作之间的关系、书面语的方向、书面语的正规程度三个方面对企业中的书面语进行分类。

第一节 操作性书面语与描述性书面语

随着大规模经济的发展，企业管理的理性化倾向日趋明显，书面语在企业中的作用也越来越大。如上所述，从与工作的关系看，有些书面语与工作是密不可分的，或者说书写本身就是工作，而书面语就是工作的直接成果。如秘书的主要工作就是书写。对于他们来说，书写就等于工作。但如果我们把工作细分为企业中的各种具体任务或各种具体操作的话，我们就会发现，在不同的情况下，书面语与工作的关系很不一样。我们由此可区分两种书面语：一是与具体的工作任务联系在一起的操作性书面语；二是描述工作、谈论工作的描述性书面语。

一、操作性书面语

这里指的是与某一具体工作紧密联系在一起的书面语。这些书面语伴随着工作而产生。它们的主要特征是具有指导性、强制性的功能。

1. 计划性书面语

这里主要指会引起某个行动或指导某个行动的书面语。质量体系中规定，每项工作都必须有其所依据的文件。质量手册、岗位指南、行动计划、设计图纸、日程安排、订单、请假批文、生产批文等都属于这类文件。企业作出的一些临时决定如节日放假通知、日夜班调整等也可归到这一类。

2. 记录性书面语

记录就是把做过的事情记下来，留下痕迹。工作记录、会议纪要、收据、收货单、发票等都属于这一类书面语。企业的普通员工接触最多的应该是质量记录。他们按照质量体系的规定把做过的工作及工作的结果记录下来。比如一个装配零件的操作工每天填写质检记录。

3. 协调性书面语

这里指要求别人做事或采取行动的书面语，主要用于协调企业内部人与人之间的活动。企业对外的催款信、企业内部的各种申请报告、企业生产过程的不合格报告等都属于这类书面语。值得一提的是质量体系中用得很多的不合格报告。企业进行质量体系审核（外审或内审）时，审核部门要对不符合质量要求的项目形成不合格报告。即使在平时的工作中，如发现质量方面的问题，相关人员（如客户对供应商，上级对下级，或下游岗位的工人对上游岗位的工人）也要发出工作纠正通知单，目的是督促对方改进工作，使之符合质量体系的要求。

计划性书面语、记录性书面语和协调性书面语的共同特征是它们都与一个具体的工作发生密切的联系，而且都是质量体系的重要环节。但它们与工作的关系的侧重点略有不同。首先，从功能上讲，计划性书面语是指导工作的，记录性书面语是给工作留下痕迹的，而协调性书面语是用来协调工作的；其次，从时间上讲，计划性书面语是先于工作而存在的，协调性书面语是在工作过程产生的，而记录性书面语则是后于工作而形成的；再次，从指向上讲，计划性书面语主要针对集体的工作，记录性书面语主要针对自己的工作，而协调性书面语则主要针对别人的工作。

二、描述性书面语

这里指关于企业或企业某一工作的书面语。这些书面语一般不与某个具体的任务或情景相联系，其主要特征是具有信息性功能。我们可以把这一类书面语分为三种：

1. 规范性书面语

上级的有关文件、企业的各种规章制度等都属于这一类书面语。这些书面语界定企业的性质，规范人们的行为。它规定哪些事情可以做，哪些事情不能做。

2. 合约性书面语

这些书面语定义企业与企业之间、企业与员工之间的关系。经济合同、工作合同都属于这一类书面语。它们的主要功能是界定双方的权利与义务。

3. 信息性书面语

这些书面语的主要功能是提供关于企业或工作的信息。如企业的对外对内宣传（企业或产品的介绍、广告、企业内部报纸或通讯、宣传栏、黑板报、企业网站、企业报纸或刊物等），又如各种工作汇报、工程总结、工作报告、业绩报表等。

与操作性书面语相比，描写性书面语的最大特点是，它们描写企业或工作，但又不与具体的工作或事件相联系，具有一定的宏观性。但三种描写性书面语之间也有区别：首先，从功能上看，规范性书面语主要从道德的层面规范企业的行为；合约性书面语主要从法律的立场明确各方的权利与义务；信息性书面语则主要从认知的角度提高人们的知识水平。其次，从书面语的发出者和接收者之间的关系来看，在规范性书面语中，两者的关系是不对等的；在合约性书面语中，两者从法律上是一种平等的关系；在信息性书面语中，两者的关系可以是对等的，也可以是不对等的。

上面我们从书面语与工作的关系出发区分两种类型的书面语：操作性书面语和描写性书面语。操作性书面语与语言的强制功能、记录功能和协调功能联系在一起，是一种工作过程中的书面语。它与某项工作或某个具体操作发生联系，直接影响其过程（如计划性书面语）或直接影响别人的行为（如协调性书面语）。描写性书面语是与语言的能指功能、自省功能和表达功能联系在一起的。它是关于工作的书面语，但又超越具体的工作并与之拉开一定的距离。在企业中，操作性书面语和描写性书面语往往不是决然分开的，而是一种程度或视角上的差异而已。虽然描写性书面语是关于工作的书面语，但这并不等于它对人们的行为没有制约的作用。事实上，规范性书面语通过描述领导层对工作的要求而影响员工的行为；合约性书面语则通过对权利与义务的界定左右双方的行为；信息性书面语则通过提供信息影响人们的行为。所不同的是，描写性书面语对行为的影响是间接的，属于"能不能"、"该不该"、"可不可以"等道德范畴的问题，而操作性书面语对行为的影响是直接的，属于某个具体操作"怎么进行"的技术层面的问题。有时处在不同阶段的同一书面文件性质可能会发生变化。例如，职工有事外出，给主管写了个请假条。这个请假条可以被视为请求主管批准的协调性书面语。当主管在请假条上写上"同意"的字样并签名后，这个文件就变成了允许当事人外出的计划性书面语。事情过后，这个文件又变成了记录性书面语，因为它是当事人获得主管批准而外出的证据。有些书面文件从不同的角度观察，其性质也会不同。例如，某车间发生了事故，当事人必须做一个关于事故的报告。从信息的角度看，这个报告可以说是一种描述性书面语，因为它告诉人们事故是怎么发生的。但从企业管理的角度，这个报告同时也是事故的记录，所以也是一种记录性书面语。有时同一个书面文件，面对不同的读者，其性质也会发生变化。例如，贴在企业宣传栏上的一个节日放假通知。对于企业外部的人员，这可能仅仅是一个信息性书面语，因为他们看了之后，获得了这家企业放假的信息。但对于企业内部的员工，这可能是一个计划性书面语，因为它直接影响到人们的行为。其结果是，大家看了通知之后节日那天就不上班了。

从语言学的角度出发，操作性书面语与描述性书面语相比，有三个明显特征：第一，它们具有很强的时效性和情景性。它们的产生、阅读理解与使用离不开一定的时间和地点。例如，日程表、质量记录、留言等。第二，它们具有一定的强制性与统合性。例如，质量体系对描写工作程序规定了一定的格式，对质量记录也事先提供表格。当事人只要按格式填上内容并依表格签字就可以了。也就是说，当事人并不是这些书面文件的唯一作者。质量体系事实上介入了文件的部分写作。通过对书写的参与，质量系统实际上事先规定了当事人的行为。第三，它们与当事人关系密切。例如，操作文件是工人自己起草编写的。当他把工作过程写下来变成自己必须遵守的规范时，这种规范从某种程度上可以说变成了他的一种承诺。质量记录中也有当事人的深度介入。因为当事人不仅要记录，而且要签字。当他签字时，他实际上也承担了一种责任。

第二节　纵向书面语与横向书面语

从总体上来说，书面文件的来源很广。它们可能来自企业的内部或外部、上级或下级。它们或针对企业内部的事务而发，或是与客户或同行企业之间的互动。从书面语的方向出发，我们可以区分两类书面语：纵向书面语和横向书面语。

一、纵向书面语

纵向书面语指发生在上下级之间的书面语。可细分为自上而下的书面语和自下而上的书面语。

1. 自上而下的书面语

自上而下的书面语有两种情况：一是来自企业上级管理部门的文件，包括一些重要指示、规定、通知等；二是企业内部自上而下的文件，如企业的规章制度、指示等，厂长的报告、涉及企业大事的文件等。自上而下的文件一般来自重要的部门，具有一定的权威性，涉及比较重要的事情。所以，这种书面语具有强化书写人责任与权威、彰显事件重要性的功能。

2. 由下而上的书面语

由下往上的书面语也有两种情况：一是企业向上级有关部门提交的报告、汇报等，如给上面反映情况，要求上面解决问题的报告等；二是企业内部的下级部门呈交上级部门的书面文件，如汇报、申请等。由下而上的书面语也有强化权威的作用。所不同的是，它强化的并不是书写人的权威，而是接收人的权威。也就是说，由下而上的书面语更多的是表达下级部门对上级部门的尊重。

二、横向书面语

横向书面语是发生在平级之间的书面语。它们流通于企业之间、企业内部门之间或同事之间。随着企业信息化的发展，企业中平级部门之间和同事之间使用书面语的情况越来越多，比如，较重要的事情或者较正式的事情同事之间都使用书面语；有些企业因为安装了内部网，同事之间即使对面而坐也要用网络进行交际。

横向书面语使用的主要动因在于，企业之间或企业内部平级之间的关系是一种相对平等的关系。正因为如此，它需要书面语来协调。如参加同一项目的人员数量多且分布在不同的部门，没有书面语便难以统一步伐；一个部门要求另一个部门提供有关型号、编号、时间、数量等信息，没有书面语无法达到准确清晰；由于涉及到不同部门之间的责任，没有书面语不足以留下证据，等等。

综上所述，从书面语的方向划分，我们可以有两类书面语：发生在上下级之间的纵向书面语和发生在平级之间的横向书面语。但无论是上下级之间或是平级之间，凡是涉及到比较重要的事情时，书面语都会更多地被选用。这里的"重要"可以有几层意思：事情本身比较严肃（如规章制度、大政方针等），或是事情涉及面广（如涉及所有职工利益的事情），或是关系到自己或本单位的切身利益（如经济往来、责任划分等），或是对方的地位比较高（如上级部门、厂长等）。由此可见，书面语作为媒介，具有"彰显重要"的社会功能。

第三节　正规书面语与非正规书面语

从书面语的正规程度分类，我们可以区分以印刷为标志的正规书面语和以手写为标志的非正规书面语。

一、正规书面语

正规书面语涉及范围较广，比如各种公函、文件、报告、通知等，这些文件一般是公开的，而且要求行文谨慎、符合规范。

二、非正规书面语

非正规书面语一般涉及书写者自己的事情或同事之间的事情，是一种内部的、带有隐私性质的书面语。非正规书面语一般有三种情况：一是用于帮助记忆的书面语。如为了提醒自己记住一些电话号码和重要的事，把它们写在便签纸上，贴在电脑显示器等醒目的位置。二是用于代替口语交际的书面语。如同事之间的书面留言。三是用于帮助梳理思路的书面语。如一边思索一边在纸张上画图，或一边讨论一边在图纸上修改。

印刷或手写只是区分正规书面语和非正规书面语的一个比较明显的标志，两者之间还有更深层次的差异。

1、结构不同。正规书面语要求以完整的文本出现。不但用词要准确，句子要连贯，排版也有一定的规范；非正规书面语用词与句法都比较随便，也没有排版的需要。

2、形式不同。正规书面语使用的一般都是正规的书写符号；非正规书面语则常常是多种手写符号（如文字、画线、打钩、打叉、画三角形、画小圈等）的混合体，而且可以随意涂改。

3、载体不同。正规书面语比较讲究；非正规书面语则可以写在本子上、小纸片上或废纸的背面。

4、用途不同。正规书面语的社会性超过实用性，其存在有时仅仅为了告诉人们它的存在而并没有实际的意义；非正规书面语的实用性超过社会性，其存在的理由是因为有实际的用途。

5、语言功能不同。在正规书面语中，语言的表达功能占主导地位；在非正规书面语中，语言的认知功能占主导地位，因为它或帮助书写者加强记忆，或辅助他组织日常工作，或协助他梳理思路。

6、读者不同。正规书面语的读者是广泛的和不确定的；非正规书面语几乎是书写者写给自己看的，或写给某个同事看的，其读者范围是狭窄和确定的。

在讨论口语和书面语的差异时，人们往往认为口语是随意的，就像吃饭、睡觉一样，而书面语是一种工作（李绍林，1994：73）。所以，人们总感到书写很困难。事实上，如果我们把非正式的书面语也纳入我们的研究视野的话，我们就可以发现，书写也可以信手写来，像口语一样随便。而且这种书面语在我们日常生活与工作中起着很大的作用。

对非正规书面语的关注引发我们对另一个问题的思考。在讨论书面语时，人们一般认为，书面语是写给人看的，有作者就必定有读者。非正规书面语的重要特征之一是在大多数情况下作者和读者是同一个人。非正规书面语的其他特征（如随意性和隐私性）的根源也在于它的非开放性。

非正式书面语帮助我们了解企业运作和工人工作的真实一面。工效学家在研究工人工作时，区分"规定的工作"与"实际的工作"（Boutet & Gardin，2001：109）。"规定的工作"指按照规定应该做的工作，体现在一系列旨在描述和规定工作的文件里，如安全须知、规章制度、质量手册、技术手册、操作指南等。"实际的工作"指的是真实情况中的工作。它也许与"规定的工作"相吻合，也许与之存在差距。这种差距是"任务要求"与"任务完成"之间的差距，也可以说是"理想"与"现实"之间的距离。事实上，"实际的工作"是具体情况下"规定的工作"的一种落实，其中有应变或调整的成分。"规定的工作"常常是可以印出来公诸于众，甚至堂而皇之进行宣传或反复强调的；而"实际的工作"则往往是对规定有所偏离的，甚至是违规的或有作弊性质的。所以，与"实际的工作"联系在一起的一些做法常常属于内部的秘密，是不便公开或透露的。故此，与"实际的工作"联系在一起的非正式书面语更能揭示企业隐秘、真实的一面。

第四节 小结

在这一章里，我们从不同的角度，区分了操作性书面语与描述性书面语、纵向书面语与横向书面语以及正规书面语与非正规书面语。在分类的过程中，我们看到，书面语与工作有多层关系：它可以处于工作之先（如计划、操作指南、规章制度等），可以与工作同时完成（如在质量卡上签字），也可以发生在工作之后（如总结、报表等）。企业中有各种各样的书面语：印刷的、手写的、以表格或图表形式出现的、以文本形式出现的，等等。这些书面语共同形成了一个企业内部的"书写环境"（Fraenkel，2001b：239），向我们展现工作与书面语之间的各种关系。

　　长期以来，人们认为，企业中的书面语具有规范性。的确，泰罗制把书面语的规范化功能推向了顶峰。在泰罗制中，文件是管理工人的手段。工程师每天交给工人一些旨在明确生产任务、数量和做法的书面指令，工人则按照指令进行生产。企业通过书面文件规范并监督工人行动。然而，除了规范性书面语外，企业还有大量与工作紧密联系在一起的操作性书面语。这是因为，企业中存在着两种行动的对立：一是"计划性行动"；二是"情景化行动"（Fraenkel，2001a：135）。"计划性行动"是对"情景化行动"的规划与设定，属于理想性的行动，而"情景化行动"是"计划性行动"的一种落实，属于实际的行动。"情景化行动"是人们根据计划及具体情况（如时间、地点、人员等）最终实现的行动，往往是协调、折中或灵活机动的结果，故有可能与原先设计的计划性行动相去甚远。操作性书面语和非正式书面语正是与情景化行动联系在一起的书面语。

　　对操作性书面语和非正式书面语两个概念的引入使我们有必要重新审视书面语的性质与功能。在考察书面语时，我们容易以口语为对立面、以书本的书面语为标准并得出"书面语是正规的"或"书面语是脱离情景的"等结论。事实上，口语是一种口说耳听的语音沟通，书面语是一种手写眼看的文字传递。从口里出来的语言可以是随意的，也可以是正规的。书面语言也同样如此。这些都随着具体交际的需要或情景而变化，并非口语和书面语的内在属性。其次，"书面语是脱离情景的"的结论也只是适合书本的书面语而已。工作环境中的书面语具有很强的时效性和情景性，因为它们的产生与使用离不开一定的时间及地点，离不开具体的人和事。例如，车间里写着"严禁烟火"的牌子。一方面，文字很重要，因为少了"严禁烟火"这几个字，这块牌子便没有符号的功能；但另一方面，情景也很重要，因为如果这块牌子不是安在车间里合适的地方，而是被遗弃在杂物库里，那么"严禁烟火"也失去了符号的价值。这里，我们对符号的理解依据的是阿里斯的观点。他认为，符号之为符号，必须能在人类活动中产生意义，发挥作用（Harris，1993：137）。书面语的功能往往被限定在表达与记录上，因为传统语言学关注的是书本的书面语。事实上，工作环境中的书面语，尤其是操作性书面语和非正式书面语，不仅具有表达和记录功能，而且具有很突出的工具功能、施为功能和认知功能。

上述分析表明，传统语言学关于书面语的观念并不适应企业中的书面语。首先，作为人类的创造物和文化的产物，书面符号在社会生活中有自己的生命（Harris，1993：40）。物质载体在书面语交际中发挥很大的作用。它不仅负载信息，而且本身也是信息的一个组成部分。其次，因为与企业运作紧密联系在一起，企业中的书面语具有很强的时效性和情景性。再次，企业中的书面语也是一种言语行为。套用奥斯汀的说法，我们可称之为"书写行为"。书写行为与言语行为一样具有"施为之力"，但书写行为的"施为之力"超越了奥斯汀的理论框架：不仅施为性书面语（如操作规则）具有施为之力，描写性书面语（如事故报告）同样也具有施为之力，因为凡是写下来的东西，都可能成为证据。而一切日后可能成为证据的书面语都属于书写行为的范畴（Fraenkel，2001a：140），因为这些书面语改变着人与人之间，人与企业之间或人与工作之间的关系。最后，企业中的书面语与权力和利益密切相关，所以具有强烈的社会意义。这些社会意义不仅表现在书写的层面（因为并非所有的人都有权书写，或有权签字），还表现在阅读的层面（因为并非所有的人都有权读到所有的文件，而且对文件的处理也必须遵循一定的社会等级）。

第八章
ISO 9000 带来的新型书面语

如前所述，ISO 9000 质量体系是通过书面语来实现其管理理念的：把一切都写下来，然后按照所写的去做。我们的调查表明，在论及对 ISO 9000 的看法时，被访者最欣赏的是它的书写，因为书写使管理规范、透明，书写使人们的行为有了参照；但被访者最讨厌的也是它的书写，因为它事无巨细面面俱到，使人烦恼不已。事实上，在没有申请 ISO 9000 质量体系认证之前，企业也有书写，只不过书写的形式、内容、情景、目的等有所不同而已。本章旨在比较传统企业里和通过质量体系认证的企业里的文件并借此进一步分析 ISO 9000 质量体系给企业带来的变化。

第一节 传统企业中的书面语

从形式上看，传统企业中大致有两种类型的书面语：

第一种是与具体工作有关的书面语。它们在工作中产生并与一定的情景相联系。订单、信件、活动计划、会议记录等都属于这一类。这些书面文件有如下一些特点：首先，由于其形成源于某一具体任务，所以这些文件具有较强的时效性；其次，文件的保存具有不确定性，因为人们不知道这些文件以后是否有用；再次，文件的存放具有随意性：或放办公桌上，或塞在抽屉中，或搁在文件柜内，或保存在电脑里；最后，对这些文件的使用也具有不确定性。忙于日常工作的企业内部人员往往对其熟视无睹，需要时会拿来用，不需要时搁置一边，甚至扔到垃圾桶里。企业外部的人员，如历史学家、社会学家等，也许会视之为珍宝，因为它们是企业的一种记忆或痕迹，记录着企业的某段历史或某一事件。

第二种书面语是描写性文件。内部规章制度、工作合同、年度计划和报告、年度财务报表、质量手册等都属于这一类。这些文件有如下特点：首先，文件的内容以描述并定义企业内部的各种关系为主。这些关系包括工作关系、组织关系、等级关系等，如规章制度规定企业行为的规范；工作合同确定双方的权利与义务，等等；其次，文件在功能上具有导向性和可参照性。这类文件规定人们什么事情可以做，什么事情不能做；再次，文件的产生过程具有独立性。它们不与某个任务或情景相联系，更不与日常工作相联系，所以具有一定的抽象性和宏观性；再次之，从功效上讲，这类文件基本上是务虚的，其象征性多于实用性。它们不像一张订单那样有具体实际的功效；最后，从性质上讲，这类文件具有保守性。如规章制度，一经形成，便很少改变；即使有修订，也不是常规性的。又如计划，一旦制定，也很少改动。即使实际情况发生了变化，计划也不会即刻随之更新。

第二节 认证后企业中的书面语

质量体系实际上是一种建立在集体书写基础上的管理体系。书写涉及企业中所有的人，上至经理，下至清洁工，人人都要写。ISO 9000 质量体系所引入的书面语在数量和质量上都与传统企业中的书面语大相径庭。

一、大规模的书写

ISO 组织要求，申请 ISO 9000 认证的企业中，文件必须根据该组织制定的大框架来编写。文件的具体内容和数量则可以根据企业的具体情况有所不同。所以，就文件的种类和涉及面来说，所有认证企业都是一样的。下面以一个通过认证的企业的文件为例：

——1 本质量手册，描述企业的质量方针和质量体系；

——1 个机构图，列举和描述企业的各个职责部门；

——65 份岗位描述，具体介绍每个工作岗位的任务和职责；

——9 份责任分配表；

——21 份企业机构不同部门之间工作分配的总纲；

——30 份有关各部门内部工作组织的细则；

——286 份操作指示，主要指导员工的具体操作；

——478 份个别文件，主要是一些管理性文件，如计划、图表等；

— 328 份记录表格，记录与操作相关的信息。

从上述列举的文件中我们会发现，书写几乎涉及了企业的一切事情：既涉及个人的工作（如岗位文件、工作指示等），又涉及人与人之间的关系（如责任分配表）；既涉及各个部门内部工作的组织（如各部门内部工作组织的细则），又涉及部门与部门之间的合作协调（如不同部门之间工作分配的总纲）；既涉及企业中大的方向（如质量手册），又涉及工作细节（如岗位描述）以及每项工作的记录（如记录表格）。

企业文件的来源比以前更加广泛。以前不需要做的文件现在需要创建，因而企业的文件在数量上比以前大大增加了："认证前文件的保存量没有认证后多，有些文件在认证前是没有的，比如客户的反馈意见。以前注重客户的投诉，客户投诉要备案，现在不单客户投诉要备案，而且每个项目都要跟踪到后期服务，哪怕客户没有投诉，我们也要写个东西，就是客户对项目的评价，这些都要，这样一个项目才算结束"（男，39岁，工程师）。

ISO 9000 质量体系要通过过程管理来实现对结果的控制。而过程的管理也是靠文件来实现，所以现在企业生产过程中的文件增加了："文件肯定比以前多了。以前质量方面通过单口，如从技术口上给你定下多少质量指标，或者把技术开发计划列到生产计划里头，最后只问你干完了没有，至于干的过程符不符合规定，产品符不符合规定，满不满足用户要求这些都不管。但作为质量体系认证就要管过程管结果，量是肯定多了。另外监督和管理口上也比较多了，现在用的计划就是又要顾及技术口又要顾及质量管理口，都要检查，都要看"（男，53岁，生产主管）。而且，与客户来来往往的整个接洽过程都要有记录："客户委托你的时候，哪怕是口头订单，客户打个电话来也要记录。从委托开始到和客户接洽的整个过程都要记录，比如说碰头会之类的都要记下来。口头订单、委托书那一栏要填，接下来是合同，填合同表，来来回回修改了多少次都要填"（男，53岁，生产主管）。

由此可见，在实施 ISO 9000 质量体系的企业里，书面语几乎渗透到企业的每个角落，覆盖企业运作的每个环节，而且涉及到企业的每一个人。这种书面语给企业带来的变革是根本性的。以前人们也要书写，但一般不对自己的工作进行描写；以前员工要遵守的是由上而下的规章制度，现在要遵守的是自己写出来的条条框框；以前的规章制度属于道德范畴，故要求有严宽之分，遵守主要靠自觉；现在的书面语涉及具体工作中的行为，而且要求写与做之间有直接、全面的对应。也就是说，企业要求的，并不是工作更认真一些，而是按照质量规范去做每一个动作。

二、系统化的书写

在传统企业里也有书写，但并不是一切工作都要写下来，也不是每个人都要写。现在，通过质量体系认证后，企业的运作文件化了："我们去年7月份通过德国莱茵公司的认证，这使公司的各项工作都文件化了，任何东西都不能随便改动。我们现在其实是把想的东西说出来，把说的东西写出来，然后再按照写的东西去做。可以说这对公司的影响还是很大的"（男，40岁，ISO项目主管）。工作经验也书面化了："很多工作经验都可以书面化、文件化了"（女，32岁，质检员）。原因很简单，如果不形成文件的话，审核就会不合格："公司的生产、工艺板块都是要求书写的，否则审核就不合格"（女，25岁，质检员）。

可见，ISO 9000质量体系从制度上强制性地推行企业管理的文件化，"否则审核就不合格"。这种要求带给企业的一个重大变化就是书面语的使用泛化。工程师的逻辑和思维方式被扩展到员工和管理人员，书面语被贯彻到每项工作。这种带有强制性的系统化书写是ISO 9000质量体系运作的关键。

三、不断跟进的书写

ISO 9000质量体系要求人们对所写的东西要进行长期、不断的修订，使"所写的"与"所做的"对应。和以前的文件相比，我们会发现这也是一个重大的变化。我们在前面讲过，在传统的企业里，文件（如规章制度等）一经形成便少有改变，即使有时会有更新，但也不是一种系统性的更新。ISO 9000则要求所有的文件都必须不断地复查、修改、重写，使之与不断变化的实际操作相符合。

首先，生产是按照文件来进行的。所以，一旦生产需要发生变化，文件也要随之进行改变。文件更新是质量体系的一个重要环节。它要求每个文件都必须得到及时更新："我们这种管理的制度、规程和规范在ISO 9000体系下一定要保持它们最新的版本，这是我们对顾客的一种承诺，也是我们自己保证我们产品合格的一个最基本的做法。不能拿一个作废的文件放到这里用，那你的产品就无法保证合格了。这个就是不贯彻ISO，任何企业的任何管理体系都要满足这个要求的"（女，45岁，工程师）。生产环节的任何变动都必须有文件为依据，即使有时来不及先修改文件后改动工作步骤，过后也必须及时改动文件："对生产或工作做改动的时候一定要有文件，口说无凭。但也可以先做，然后再改文件"（男，40岁，ISO项目主管）。

其次，管理人员一旦有变化，文件就要及时跟进："说个例子，我当时是部门经理，ISO出来之前很多文件都是我们自己起草，由我签名发出来的。几年之后，我不在那个位置了，人家问我某某规定是谁订下的，查出来一看，原来是自己出的。这就是文件管理方面不update的情况。ISO认证之后，极少出现这种情况，绝对不可能是我出的，文件应是部门经理出的。如果当时是我出的，现在我不在这个位置了，到他的手里他应该跟进，一定不再是我的名字，而应该是部门经理的名字"（男，33岁，总经理）。

再次，客户的要求或原材料的变动也会引起文件的变动。如果属于临时性的变动，可以附加一个文件说明；如果是长期性的变动，则必须修改质量手册："既然质量体系已经建立，理应按照质量手册来做。但是，世界不是一成不变的，当客人的要求不同了，来料不同了，生产过程不同了，那么我们就要思考这个变化是长期的还是短期的。如果是短期的，那么我们会附上一个文件说明，这批货物是在什么样的情况下我们会这样做，这不是一个基层员工可以决定的，应由各部门的经理，甚至质量部的经理确认，才能这样做。或者是工程部的经理要求这样做，但最终都是要达到客人的要求。但如果是长期的，以前的做法不行，那么我们应该修改质量手册"（男，33岁，总经理）。

最后，社会情况的变化也可能导致文件的修改："写出来的东西都是可以改的，并非是一成不变的。但是改动都必须围绕ISO 9000的标准和行业的质量标准来进行。总之，最终出来的东西是符合要求的，就可以改。例如我们生产的妈妈背小孩的背带，可以承受70斤重量，这个重量压下去，背带的质量还是很好的。但是随着人民生活的提高，婴儿的重量也增加了，很容易造成背带的线爆裂，那么就要把标准提高到100斤。又例如婴儿车的轮子耐磨性测试的公里数，以前是1,000公里的，由于现在的马路比以前好多了，测试500公里就相当于以前的1,000公里，所以标准就放松了。而上一个例子由70斤到100斤，标准更严了"（男，33岁，总经理）。

ISO 9000质量体系对更改文件有严格的程序规定。一般来说，必须先提出申请，经过论证和审批之后才能生效："文件可以更改，这就说明文件和实际操作不符。但是，文件更改必须经过很多程序。比如说在你的部门发现的，部门提出一个申请。我们拿着这个申请就要报告管理者代表，由管理者代表组织一些技术人员，对你提出的申请是不是真实的进行审核。如果大家讨论一致认为确实他说得对，应该把它怎么改过来，这样操作会更加简洁、明了、方便一些。这个时候就是由我，管文件的，写出一个文件的更改申请，然后报相关人员批准。比如说质量手册要由最高管理者批，程序文件有的是管理者代表批，有的是分管生产、技术的领导批"（男，40岁，ISO项目职员）。

综上所述，ISO 9000质量体系的基本原则是"写你所做的，做你所写的"。为了使"所写的"与"所做的"保持一致，它要求人们对写下来的文件进行不断的修订。修订的目的是跟进生产领域诸多因素的变化，确保"做你所写的"。这些因素包括生产的需要、管理人员的配置、客户的要求、原材料的来源、社会的实际情况等。ISO 9000不仅要求不断修订文件，而且要求文件修订按有关程序进行。如果说系统性的书写使企业中的书面语在空间上得到了扩展的话，那么对文件的定期复查修订就使书面语在时间上也得到了延伸。于是，书面语在企业中的作用就不仅仅体现在把工作写下来，形成规范，而且体现在确保写下来的东西与不断变化的现实相符合。由于不断跟进，ISO 9000质量体系使企业的知识得到了双重更新：一方面是空间上的更新，因为散布在企业各个角落的人员都要更新对自己工作的描述；另一方面是时间上的更新，这一点体现在对所有文件的不断修改上（Cochoy *et al.*，1998：681）。

四、对书面文件本身的控制

ISO 9000质量体系的一个特色，就是把对文件本身的控制也纳入其中。实施ISO 9000质量体系的企业必须同时对与体系有关的文件、资料和质量记录进行有效的控制。企业的《程序文件》必须包括《文件和资料控制程序》和《质量记录控制程序》。专家到现场开展认证审核时，文件控制是一项重要内容："这种控制是多方面的。它不仅对编制质量文件清单，明确文件核准权限、文件编号、版次、识别、存放、保管、发放、回收、销毁、遗失处理、更改、审查等都有详细的要求，还对编制质量记录清单，对质量记录的鉴定，集中保管，归档利用，销毁等也都做了严格的要求。而且，ISO 9000质量体系规定文件和记录控制程序的主控部门应定期对文件和记录控制程序的执行情况进行检查，进一步加强对文件和记录的控制。因此，ISO 9000 质量体系中文件和记录能够在完整性和真实性上得以保证"（王雁，2000：43）。文件控制的目的就是把文件当作一项生产对象，从它的产生、下达、流通、使用、修改、归档到销毁的全过程都予以控制。

首先，文件的下达要保证畅通到位："以前文件发下去有时候不是每个人都看到，有时候就是一个人看到，说起来才知道原来其他人都不知道。现在最起码能解决这个问题"（男，20 岁，ISO 项目职员）。因为文件应该由哪些人来分享有明确的规定："现在我们对资料的流程范围有了比较清晰的认识。哪些资料由哪些人来分享规定得比较清楚"（女，40 岁，项目经理）。而且，文件的到达都有记录："现在文件发下来以后都有一个目录，下来一个登记一个"（男，40 岁，ISO 项目职员）。

其次，文件必须有明确的归类："那个标准没有告诉你文件怎么分，没有这么说。但是人家要查你文件怎么管理，你把文件乱放一气，你就没法管理。人家一看你这管理就不行。所以你为了管理就把文件分门别类，像我这样。比如说证书，放在一起就是一个夹子，找什么我都有一个目录，都在里面"（男，40 岁，ISO 项目职员）。经过认证以后，文件的归档有了体系，纲目清晰，易于管理："如今档案分成技术、文书、生产和质量等几类。以前是没有分的，比较乱"（男，30 岁，办公室秘书）。

再次，文件的保存在空间上与时间上也都有明确规定。首先，文件存放有了专门场所："以前没有规定的话，我收到文件就随便放在那里了。现在我每个部门都会有专门的地方存档"（男，20 岁，ISO 项目职员）。有些公司还专门开辟一个专区来存放质量管理文件："现在我们公司正在辟一个专门的区域出来，存放那些文件，存放那些过期的文件和不常用的文件。在这个专区里，每个部门将有一个夹子，夹子外面标上什么什么文件。这个也是根据质量体系的要求来做的。我们公司没有认证之前已经是这样做了，但是那时候不够完善，各个部门存放自己的"（女，40 岁，项目经理）。其次，文件的保存期限也根据文件的性质有所不同："以前谁归档啊，根本就不管，这个事完了该扔的就都扔了。现在质量记录都得保存着，起码保存一年以上，各种记录我都给他们定了归档保存期限呢，你看这个合同评审报告单，两年；管理评审纪录，长期保存；加工过程卡片，按生产周期等每种都不一样，因为人家每年还要复审"（男，53 岁，生产主管）。

最后，文件的使用也做到有章可循。文件的借出和归还有完备的手续："档案借出和归还手续也比以前完备多了。对借出文件部门负责人和公司老总的审核也比较严格了"（男，30 岁，办公室秘书）。严格的文件管理有效地保护了文件："生产者如今从技术部门拿到生产图纸，生产完产品之后，必须把图纸交给车间工艺员，否则就会被罚款。以前生产者弄坏或丢失图纸是没人理的。图纸得到了比较有效的保护"（男，30 岁，办公室秘书）。

在实施 ISO 9000 质量体系的企业，由于文件管理规范有序，所以，查找文件十分方便："以前比较凌乱，现在系统化了，查找文件变得容易了。以前半天也找不到一个文件，现在两三分钟就可以找到一份文件"（男，33 岁，总经理）。文件管理的有效性反过来又增加了员工对质量体系的认同感："现在文件多了，有时候会烦。但碰到一些需要用文件的时候，回过头，都能找得到，这时候，就觉得不烦了，会很高兴"（女，32 岁，质检员）。

文件控制纳入管理体系之中，这是 ISO 9000 质量体系有别于其他质量管理方法的地方。一般来说，书面语是用来控制行为的，但在 ISO 9000 那里，围绕书面语的行为也成为控制的对象。对书面文件的控制充分显示了书面语在 ISO 9000 质量体系中的重要性和特殊性。

第三节 小结

ISO 9000 质量体系给企业带来的是一种新型的书面语。这种书面语不仅涉及到企业的每一个人，覆盖了企业管理的方方面面并贯穿每项工作的全过程，而且自身的更新与管理也成为质量体系的一个组成部分。这是因为，ISO 9000 质量体系从根本上讲是一种建立在书面语基础上的管理体系。而它之所以依靠书面语是与 ISO 9000 作为一个质量认证体系的性质相关的。首先，它要企业提供的并不仅是质量优良的产品，而且更重要的是能够生产符合顾客要求的产品的能力保证。这种保证必须涵盖产品生产的全过程。这就要求企业提供一系列的文件作为证明。其二，它实行的不是行业产品检验，而是第三方认证审核机构的认证。而第三方不可能是具体行业的专家，其审核只能以文件审核为主。其三，它对企业的检查不是一次性的，而是常规性的。它通过内审、初审、复审、年审等制度，要求企业始终保持质量体系有效并不断改进。这种审核制度决定了检查的方式更多的是一种从书面语到书面语、重形式而轻实际内容的方式。

第九章
书面语是如何改变企业的

　　韦伯（M. Weber，1864-1920）认为，行政组织的一个重要特征是把公共事务的处理建立在书面文件上（转引自 Goody，1979：56）。古迪则更进一步，他认为韦伯所列举的组织机构的其他特征其实也都是与书面语密不可分的。例如，公务员的非个性化录取方法就是要求应聘者参加笔头考试，以考察他们处理行政文件如信件、通知、报告等的能力；又如，过去通过面对面交谈的方式来处理公共事务，现在则是制订客观的规则，然后照章办理。也就是说，"书面语不仅改变了录取的方法与职业所要求的能力，而且改变了行政组织工作中各种角色的性质。上下级的关系少了个人的色彩，人们更多地求助于写在章程里的抽象的'规则'。这样就导致了公事与私事的分离"（Goody，1979：56）。ISO 9000 质量体系引入企业之后不仅带来了一种新型的书面语，而且这种书面语又引发了一系列更深层次的变革，甚至是一场波及企业所有人员的革命。

　　ISO 9000 质量体系对企业提出三点基本要求，即"写你所做的，做你所写的，提出证据"。首先，对工作过程必须进行全面的梳理与优化并以文件的形式固定下来，称之为"书面程序"或"文件程序"，如工序和作业指导书。其内容包括活动的目的和范围、参与者、使用的材料、设备、涉及的文件以及对其进行监控的方法等等。其次，企业必须确保每个员工都遵守这些过程文件。这可以通过对管理体系实施内部审核或其他评价方式进行验证。最后，企业必须提供过程和产品符合标准并持续改进的证据。由此可见，ISO 9000 质量体系的实施与监控实际上建立在一种"形式"之上，正如法国社会学家泰弗诺（Thévenot，L.）所说，"企业实施质量体系是一种'形式的投资'"（转引自 Fraenkel，2001a：117）。

而书面语则是这种形式的有形载体。书面语之所以能承担这一角色，得益于其固有的特性。本章将围绕 ISO 9000 质量体系"写你所做的，做你所写的，提出证据"的口号，结合我们的调查，分析书面语是如何改变企业，尤其是中国企业的。这种改变包括企业管理模式、员工观念及行为方式以及人与人之间的关系等。

第一节 "写你所做的"与新型的人际关系

实施 ISO 9000 质量体系的第一件事就是要编写工作程序，也就是用文件的形式列出有效的、一体化的技术和管理程序。说是"写你所做的"，但实际上是大家一起来写，"所做的"也不是指纯粹个人的工作，而是指企业的某项任务。所以，编写程序"既是一项有组织的工作，又是一项关于组织的工作"(Terssac，1997，转引自 Niu，2005：53)。这项工作在实施的过程中悄悄地改变着企业中人与人之间的关系。

一、纵向关系的改变

1. 员工的得与失

ISO 9000 质量体系要求每个员工都要参与文件的起草和编写。他们可以作为作者直接参与写作，也可以作为读者对文件提出意见。领导层、管理层、操作工必须经常坐到一起，讨论如何编写文件。所以，编写文件的过程实际上是不同人员之间交流信息、讨论问题、选择最佳操作方案的过程。这就给了普通工人说话的机会。从某种意义上说，ISO 9000 使普通工人有了参与制定规范，甚至参与决策的权力。这是一种新的现象。过去，并非所有的人都有可能参加会议、接触到信息，因为在企业中，信息的传播是有等级之分的。只有高层或比较高层的人员才有资格参加某些会议并先于其他人获得信息。会议之后，哪些信息可以向下属传达，哪些信息秘而不宣，全由与会者决定。信息与权力之间有着密切的关联，因为在某种意义上，拥有信息就等于拥有权力，守住信息也就等于守住权力。

ISO 9000 质量体系动摇了企业里的信息垄断，因为编写文件涉及到具体的操作。所以，没有操作工的参与，操作程序很难编好；没有信息的交流，一体化的规范也难以建立。于是 ISO 9000 打通了信息渠道。信息不再掌握在少数几个领导者手里；普通员工获取信息再也不用靠高层的施舍，因为在信息面前，上级和下级之间是一种平等关系："编写文件给了我们看问题的新视角。有另外一扇门打开了，使我们发现其实我们也有能力理解一些大的事情，只不过以前领导层不跟我们讲而已。我参加了质量体系的编写过程，通过这项工作我对企业加深了认识，加深了对管理部门的了解。以前我一无所知，因为我没有权利知道。我只是一个小小的工人而已"（男，25 岁，操作工）。由此可见，参与书写就是进入信息渠道，就是和领导层平起平坐地讨论问题，或者从某种意义上说，就是分享权力。

然而，ISO 9000 质量体系在给予员工权利的同时，也要求他们履行义务。根据质量体系的规定，员工要把自己的工作写下来。这就等于说，每个人要把自己的知识公开给别人，贡献给企业。这样可能导致的结果是：企业再也不像以前那样感觉某个员工不可或缺了，因为他的专业技术已经完全对外公开了。与认证之前相比，员工感到他们在企业中的位置变得岌岌可危。从这一点来看，把工作写下来其实就等于把自己的知识打包后扔出去，让别人接着来替代自己。权力的诱饵下面原来还有陷阱。这也是 ISO 9000 质量体系实施过程中碰到的最大障碍之一："太困难了。员工认为写下来会泄露他们的工作方法，我们首先要克服这个问题。因为现在在我们公司里，员工担心如果自己把所有的工作过程都写下来，以后很容易被别人替代。我注意到我们公司里有些工作做了，但是没有记录。这样，以后来接替该项工作的人就很难上手。这是我们存在的问题，我觉得比较难克服。大家总是担心自己被顶替"（女，26 岁，操作工）。

而且，把一切写下来等于把过程透明化了。这对于某些人或某些部门来说，等于失去了可操作的空间。例如，在推行 ISO 9000 时，合同评审是绕不过去的环节。过去，许多中小企业在采购中普遍存在着暗箱操作。现在，ISO 9000 质量体系要求进行合同评审，推行规范化与明晰化。这种做法在一些利益相关的部门或人员那里往往遭遇极大的阻力，因为打破暗箱，实际上就是制约权力。

2. 领导层的得与失

在实施 ISO 9000 质量体系之前，书写与日常生产活动并没有很直接的关系。每个人都知道自己该做什么，所以没有必要把自己的所做都写出来。结果，一个人拥有的知识与技能，别人不一定拥有。企业的知识与技能传授也往往通过师傅带徒弟的方式进行。令管理层常常感到苦恼的是，他们拥有行政上的权力，但员工却拥有知识与技能；他们对每个员工的岗位了如指掌，但却并不十分清楚哪个员工到底会些什么，又在干些什么。实施质量体系后，"写你所做的"把知识与经验公开了，事后的记录也有了保存。于是，员工的知识与经验通过书面语这一载体在空间和时间上传播开了。理论上形成了这样一种局面：每个人都知道隔壁的人在做什么，后来的人也知道前面的人是怎么做的。书面文件成了企业的一种集体记忆。当工作遇到问题时，人们可以通过查记录寻找以前类似问题的解决方法。如果碰到的是新问题，那么，解决该问题的方法与过程必须记录下来，以供后来者参考。这样显然可以避免很多重复性的劳动，提高工作效率："有了书写就对以后解决问题提供了很多方便。如果我们在工作中遇到困难，就要记录是什么问题，什么原因，然后我们又是如何解决的。如果以后遇到同样的问题，我们一查以前的记录，就会发现：'啊，以前也有过这样的问题，我们应该这样做或那样做'。书写就像备忘录一样"（男，40岁，内审员）。

有社会学家认为，在归纳与总结员工的知识与经验方面，ISO 9000质量体系对企业所产生的作用近似于以前管理学对整个资本主义经济所起的作用：管理学把不同企业中个别的、区域性的和不系统的管理知识和经验进行提炼、整合和升华，使其成为人人皆可企及的科学管理理论。同样，ISO 9000也努力提取存在于每个企业成员头脑里的知识与经验，并用人人都能理解的语言进行表述，使之成为企业的集体财富（Cochoy *et al.*，1998：682）。以前，企业知识主要通过口语的渠道由师傅传授给徒弟。知识的存在状态是隐性的，与个人联系在一起。现在，有了质量手册与操作手册之后，企业知识显性化了，知识传授的渠道也由口语转向了书面语："以前很多工作都存在大家的心里。比如说师傅带徒弟都是完全身教，对吧？都不是说写出来的。现在呢，即使是新人来到我们这儿，他只要认真地看这三本书，特别是最后的这本工作手册，都可以很快上手。很多时候如果你不记得了，你一翻，里面就写了这个时候要做什么"（男，20岁，ISO项目职员）。

让员工把他们的知识都写下来，这无疑方便了领导层的管理与控制。但ISO 9000质量体系是一把双刃剑，它带来的改变是双向的。中国有句谚语："搬起石头砸自己的脚"。用这句话来形容实施ISO 9000的企业领导层的处境是再恰当不过的了。原本，领导层决定在企业实施质量体系，是希望改进企业的管理，提高产品质量，增强企业竞争力。但他们没有想到的是，到头来自己也被质量体系套住了。事实上，ISO 9000在给员工设置陷阱的同时，也给领导层设置了一个陷阱，因为这个系统涉及所有的人，包括员工和领导层。一般来说，领导层引入 ISO 9000 时想到的都是这一质量体系能给企业带来的好处。开始的时候，他们也的确看到了变化。质量体系要求"把一切都写下来"，这正是领导层求之不得的。如果企业的各项活动都记录得清清楚楚，如果每个员工都老老实实地按文件行事，那么，领导层将能更有效地实施控制与指挥。然而，随着质量体系的全面展开，领导层发现，自己也成为改革的对象。道理其实很简单："把一切都写下来"意味着：领导层也要把自己的一切都写下来。这是很多企业的领导层始料不及的（Fraenkel，1995：66-75）。要求领导层把管理过程形成文件写下来，然后严格按照文件去做，这很明显地限制了领导层的行动自由和决策自由。他们再也不能像以前一样随意发号施令了，而必须像员工一样遵守各项制度并依照一定的程序："制度规定了每个人的工作以及工作方法。这一规定涉及到所有的人，包括领导层和员工。即使是总经理也不能说：'我决定这样做'。我的所做必须是文件中有写的"（男，33 岁，总经理）。

此外，由于 ISO 9000 质量体系明确地界定了各部门、各个员工的权力，所以，领导层不能越俎代庖。这无形中缩小了领导层的权力："ISO 9000 限制了管理层的权力。过去，经理可以决定一切。现在这一套再也行不通了。在关系到技术的问题上，只有老总的决定是不行的，他首先应该取得技术部门的认可。老总不能决定一切。每个部门都有自己的权力"（男，27 岁，作业部职员）。

由于职责明确了，各个部门、各个员工也逐渐学会了保护自己的权利。因此，领导层再也不能像以前一样随便指派工作，调遣人员了。这一变化也迫使领导层改变自己对待员工的态度："最近，老板让我制作一些表格。但这并不在我的工作责任范围之内。而我当时也很忙，我本来有权利说'不'的。但是我没有说，因为他是用询问的语气来跟我讲的，而不是用命令式的口吻。他尊重我的意见，问我愿不愿意。现在员工有权向老板说'不'了"（女，24 岁，员工）。

质量体系还有一点让领导层处于两难境地，那就是：一方面，它希望把企业所有的活动都写下来，因为书写使企业的行为转化为精确的文字信息，从而增加行为的可塑性和可控制性；另一方面，由于基层的员工也了解规则，明白自己的权责，所以领导层的权力运作各个方面也都受到了限制。这有可能会使领导层感到尴尬。

从领导层的这种两难境地我们可以更清楚地看到 ISO 9000 质量体系给企业管理带来的根本性变化。可以说，ISO 9000 是一种管理模式，或是一种"旨在建立一种'全面质量管理'的国际性体系"(Mispelblom Beyer,1999:174)。但 ISO 9000 所包含的管理理念与以前的管理体系有两点明显的不同。首先,ISO 9000 所引进的管理,不再单纯是自上而下的管理,而是包含了自下而上的管理,因为领导层也要服从由企业上下各层次人员一起起草制定的文件。其次,ISO 9000 不仅动摇了以前的纵向管理(上级对下级的管理),而且通过认证的机制引进了第三方管理,即认证公司的管理。于是,企业内部的纵向控制让位给了一种来自外部的控制,具体体现在 ISO 9000 对希望通过认证的企业所设定的种种规定上。所以,ISO 9000 对企业的管理是一种由外部向内部渗透的管理(Gomez,1996:113-132)。

3. 上下级关系的变化

ISO 9000 质量体系要求企业的方针目标和领导层的意图必须通过沟通的方式变为员工的行动,所以,管理层与工人的关系密切了:"上下级的联系更紧密了。因为这个质量体系强调一个沟通,把质量体系的方针目标和上面的意图通过沟通变为下面的行动。我倒觉得通过这个体系认证,我的威信提高了,和工人们的关系加强了"(男,53 岁,生产主管)。

文件的编写过程实际上是一个上上下下反复讨论的过程。例如,质量手册这一类比较宏观的文件制订出来之后,要经过反复地审阅和讨论:"逐个文件的审阅都是组织了整个公司领导以及中层以上的干部,逐条讨论,而且这种讨论还不是一次,直到它最后定下来为止。你比如说今天初稿出来了,讨论一次,修改,然后大家看,看完以后有什么意见再讨论。这样反复进行几次"(男,20 岁,ISO 认证职员)。涉及到与工人的实际操作有关的操作指导书,则需要工人的直接参与:"比如一个零件焊接工人,我们会先让他将自己工作的各个环节用文字写出来。然后工人和工程师一起讨论,共同讨论文字书写的工作程序。写还是由我们来写"(男,26 岁,质量主管)。即使是由专门的工程师设计工序,在设计过程中也会有工人的参与:"与工人操作有关的文件叫操作指导书,这个也是我们质量体系里面的一个文件。在投产之前,我们的工艺工程师会去设计一个工序,怎么样做,每一个动作他都要写下来。但是工序设计的过程当中会有工人参与,他要参与我们的讨论,要看这样做行不行。工人参加讨论,写是由工程师写"(女,40 岁,项目经理)。讨论与沟通的过程无疑增加了员工与管理层的接触:"上下级的关系应该说密切了。因为很多事情都需要沟通。因为我是负责 ISO 日常运作的嘛,那很多东西不是说我说要怎么做就怎么做的嘛,很多时候要请示一下,所以接触多了"（男，20 岁，ISO 项目职员）。因为接触多了，相互之间也就增进了了解。有时即使领导要求比以前严格，员工也能够理解。上下级的关系比以前融洽了："因为我年年搞测评，跟他们接触得多啊，做工作和不做工作毕竟还是不一样的，你做工作哪怕是方式方法有些问题，大家也都能看出来你是实实在在地干工作呢。有时候开会我说的可严格了，谁家出了问题谁家负责，哪个主管部门出了问题哪个主管部门的第一把手负责，说要扣你全部奖金还有什么的，但基本上能保证认证通过了，咱们就下面该怎么做就怎么做。该奖励就奖励。但罚，有时候就灵活处理了"（男，53 岁，生产主管）。

虽然在质量体系形成的过程中，企业上下级的关系由于接触与沟通比以前融洽了，但是，一旦质量体系开始实施，上下级的关系便悄悄地发生了另一种变化。以前的主管是以人为导向的，下属有问题找到他，他会想办法解决；实施了质量体系之后，主管只看文件不管人。他的主要任务变成了执行文件，或监督下属按文件的规定去做。其角色更多地像警察，而不是以前的教练（Dawson，2001，转引自 Angles，2004：30）。而且，主管的下面还有一批称为"质量工艺员"的人，专门监督实际操作与文件之间的对应："主管的角色发生了变化。他必须加强车间质量工艺员的监督工作，督促他们经常下车间走一走，看一看，注意工艺流程是否合乎技术标准，监督生产工人是否按照生产工艺去做"（男，30 岁，办公室秘书）。于是，上下级之间变成了一种监督与被监督、检查与被检查的关系。

二、横向关系的改变

企业中，不仅有上下级之间的纵向关系，而且有部门与部门之间、员工与员工之间的横向关系。

过去，由于没有文件详细描述和介绍各个部门和各个工作岗位的职责，所以每个部门只知道自己要做什么，对其他人或其他部门在做什么并不关心。工作结束之后不同部门和不同岗位的人之间也很少就工作进行交流。这种横向交流和部门间沟通的缺失在中国企业中表现得尤其突出。"鸡犬之声相闻，老死不相往来"体现的正是这种状态。由于缺乏沟通，所以有时候部门之间的一件小事会变得非常复杂。又由于部门之间和人员之间的工作分工不清晰，所以互相推诿或多头负责的现象时有发生。

　　实施质量体系之后，部门之间与人员之间的关系发生了明显的变化："有一些部门对于认证的效果是没有直接感觉的，甚至会觉得无所谓认证不认证，但实际上当他与公司内其他部门需要工作协调的时候，他就会感觉到有一种清晰化的变化"（女，38 岁，质量部职员）。

　　这种变化首先表现为，不同部门和不同岗位之间的工作分工比以前清晰了："现在透明度增加了很多。各个部门都知道了一件具体的工作应该找谁，找哪个部门。举个例子，过去，找个杯子，我去找总务处，总务处的人说你去找采购处，采购处的人说你去找库房，库房又说你到喝水的地方直接就可以拿到，又费口舌，又耽误时间。现在不一样了，我很清楚遇到这个问题应该找谁。有了文件以后跨部门的工作就明确了很多，部门之间的沟通也顺畅了，部门和部门之间的接口就不模糊了"（男，40 岁，ISO 项目主管）。这种清晰与透明得益于书面语："以前部门之间的沟通靠口头。现在要写下来。流程规定哪一步是由谁来做的。所以职责就比较明确。不会出现扯皮的事情，以前有的工作好像就分不开应该由谁来做"（女，27 岁，销售部助理）。

　　其次，相互之间的联系密切了。在编写文件时，部门之间必须互相沟通，这无形当中就加强了部门之间的联系："一些具体问题，或是科室之间的，或是横向的纵向的，必须通过沟通解决，这就加强了各方面的联系"（男，53 岁，生产主管）。

　　再次，相互之间增强了了解："认证规定接口处的工作用文件表达出来。应该做什么，应该做到哪一步。以前这些都不清楚，现在工作规范了，部门之间的了解也就加深了"（男，27 岁，作业部职员）。

　　最后，信息流通的准确度提高了。写下来的文字保证了信息的准确性和一致性。过去，部门之间或员工之间的信息大都是口口相传。这种信息传播的方式容易产生误差，甚至出现最后的版本和原始版本大相径庭的情况："以前一个信息从甲的口到乙的口，从甲部门到乙部门，全走样了"（男，23 岁，研究院职员）。有了 ISO 9000 质量体系之后，所有的信息都要写下来，信息的准确性和一致性也就得到了保障，因为只有一个正确的版本在流通。

　　由此可见，ISO 9000 质量体系打破了以前存在于个体之间和部门之间的壁垒。它通过书写的手段强迫每个人和每个部门都要去了解别人的工作，都要与别人交流以实现有效的合作。

　　综上所述，ISO 9000 质量体系的关键不在于它引进了新的规则，而在于它要求用书面语写下运行规则，而且要求所有的人都参与规则的写作。于是，企业上下都拥有了双重的"权力"：一是版权，因为每个人都是规范自己工作的文件作者；二是决定权，因为每个人都是规范自己工作的决定者（Cochoy *et al.*，1998：696）。但与此同时，每个人又都是自己权力的控制对象。说到底，质量体系让人们自己制定规范来约束自己。它通过书写的手段，从根本上翻新了上下级之间、部门与部门之间、人与人之间的传统关系，给企业的内部关系重新洗牌，正如有位社会学家所言：ISO 9000 是一个重新分配和定义每个人在企业中的角色和地位的运动（Du Ymedjian，1996）。

第二节 "做你所写的"与新型的企业规范

企业在没有认证之前也有行为规范，主要体现为一系列的规章制度。但是和企业里的其他文件一样，这些规章制度往往是笼统的、抽象的，有时候甚至在表述上是含糊不清的，而且存在很多隐性的成分。只有在企业里工作了很长时间的人才有可能把一切都弄明白。还有一些惯例根本没有写出来，但是所有员工对之都心知肚明。这些规章制度有三大特点：第一，它们是用来定义企业与个人之间关系的，是企业基本架构的组成部分，不可或缺；第二，它们是由领导层制订出来让企业成员遵守的；第三，对它们的遵守与执行具有一定的弹性。中国企业在这一方面尤其突出。

实施质量体系之后，企业规范发生了根本性的变化。这种变化表现在如下几个方面：

1. 规范用文字明确表述

ISO 9000 质量体系以文件的形式准确清晰地对企业工作的各个方面都做了规定，惩罚措施也非常详细明了，所以它对日常的生产工作有很强的制约性："过去，我们公司也有一些规定，但是并不是所有的都写下来了。可能某一天有一位领导在工作中发现了一个问题，他可能就会随口说一下，'这样的事情以后是不允许的'，就算是一种规定了。所有的人都知道他这样说过，但是这个规定仍然不是正式的，员工也不会很重视。如果有一天公司里真的出了什么事故的话，这类规定就起不到一点作用了。但有了 ISO 9000 的文件后，文件把一切都规定得清楚明白。它还会告诉你如果你不按照哪一条规定执行的话会有什么样的结果。公司会对你进行什么惩罚。谁都知道这其中的利害关系"（男，40 岁，内审员）。

2. 规范直接指导员工的日常工作

工人的每一步操作都有相关的文件指导。这些文件规范员工的操作，同时也给他们的工作提供技术支持："这一点非常重要。工人的操作指导书总放在他的眼前，上面写着有关他所做工件所需的必要参数，以及一些操作流程，这些都是他们要严格遵守的。他们只要一抬头就可以看到相关的规定"（男，33 岁，总经理）。从理论上讲，工人只要严格按照规定来操作就不会在生产中犯错误。如此一来，企业里同一类型的工作就能以同一种方式来完成。规范保证了质量的一贯性。

3. 评价的标准是所做与所写之间的对应

对具体工作的评价依据不是多少或好坏，而是所做与所写之间的对应。认证公司来审核企业的时候也是依据这个原则。这种寻求所做与所写之间对应的评价标准从根本上改变了个人与企业之间的关系。以前，个人要向领导负责，企业更像一个大家庭，每个员工都对它倾注了很多感情。主导人们行为的是一种"情感逻辑"。这种逻辑"深深地植根于每个员工的心里"，成为"调节企业中不同阶层的人之间关系的价值观"（Roethlisberger & Dickson，1939，转引自 Niu，2005：31）。在这种逻辑支配下，所有的员工都要服从总经理的指挥，正如在一个传统的家庭里，父亲拥有绝对权威一样。当然总经理也必须像爱护自己的子女一样关心自己的员工。ISO 9000 质量体系淡化了这种大家庭的观念，取而代之的是另外一种逻辑，即合同逻辑。员工面对的不再是人，而是书面语。他们要听从的，不是某个人的命令，而是自己的所写；他们要追求的，不是领导的笑容，而是自己所做与自己所写之间的对应。合同逻辑是一种客观的、不以个人意志为转移的逻辑："认证以后，即使老总也要遵守规定。他作为领导的权力受到了限制。例如，我们公司要求所有员工在上下班的时候打卡。过去经常有一些员工会忘记。但是忘了也不要紧，只要在月底填一张表格声明：我 23 号忘了打卡，因为什么什么原因就可以了。但是认证以后一切都变了。因为根据文件规定如果员工忘了打卡的话，第二天一定要向负责人说明，否则月底就会处以一定的罚款。最近，有些员工下班的时候又忘记打卡。一般来说，这都是一些工作努力，经常加班，回家比较晚的员工。照常理，如果公司对这样的员工处以罚款就太不合情理了。因此，总经理就说：'这次就不算了'。但是执行规定的部门立刻就作出了反应。他们质问：'是不是文件有了一些改变？如果没有改变的话，为什么不执行？如果你说这次不算的话，你应该先把文件里的相关规定改动一下'"（男，40 岁，内审员）。

上面的分析告诉我们，ISO 9000 质量体系引入的是一种新的企业规范。这种规范要求每个人的权利与义务都得到清晰的界定，所有人都按书面语的规定行事。于是，主宰企业运作的不再是人的意志，而是一种客观的、不带个人情感的书面语。在书面语面前，人人平等。

第三节 "提出证据"与自控式的管理模式

自控已经成为全面质量管理的一项战略武器（Rot，1998：5）。自控直接得益于书面语的痕迹性。ISO 9000 质量体系不仅要求"写你所做的，做你所写的"，而且要求"提供证据"。记录一切所做的，留下工作的痕迹是 ISO 9000 质量体系的另一个重要特征。

质量记录如实地反映产品质量的形成过程和最终的状态，为正确、有效地控制和评价产品质量提供了有力的依据。从认证的角度讲，质量记录承载质量体系中每个要素的活动过程、状态和结果，为评价质量体系运行的有效性提供了客观的证据。但是，质量记录更深层的意义，还在于它对员工和企业行为的改造。记录使工作留下痕迹，痕迹使人产生责任感，责任感萌发自控意识，自控意识带来自控管理。所以，自控管理的直接源头是书面语：员工个人能够自控，因为他必须在工作结束后签字，表示对自己的工作负责；整个企业能够实行自控，因为 ISO 9000要求企业定期开展内审。内审由独立的文件执行部门负责，主要检查各个部门的工作是否合乎文件的要求，其功能好比企业自设的法院。这是质量体系设计的让企业自己评判自己并不断完善自我的机制。企业对内审不能不予以重视，因为内审的过程与结果是外审的一项重要内容。

记录之所以能够激起自控意识并带来自控管理，主要原因在于，书面语的痕迹性清晰地界定了工作的责任并给工作质量提供了一个确凿的证据。记录对员工会产生三个方面的作用：

1. 记录使员工对自己的工作产生责任感

在通过认证的企业中，从原材料购买开始，相关人员就开始记录，一直记录到这些材料已经变成产品销售出去，还要进行售后服务跟踪记录。整个生产过程的所有环节都必须留下痕迹：来料检测、生产、包装、入库储存、销售、售后服务、客户意见反馈等。这些跟踪记录使企业不但可以掌握每个产品的全部相关信息，而且还可以把责任准确地追究到某个人或某个部门。这种全方位的记录给两类人的压力特别大：一是管理人员，因为记录准确无误地反映管理部门存在的问题（如供应不配套、设计错误、零件受损等）；二是操作人员，因为相关的职能部门会对生产过程中所有的差错进行统计，从而对其工作作出客观的评价："如果生产了一个不合格产品的话，我们可以准确知道谁或是哪个部门对此应该负百分之多少的责任。这些别人从外部是看不出来的，但我们是怎样做到的呢？有了认证后，我们可以把所有相关的人员聚在一起，然后总结说：'实验室负责人，你应对该错误负 10% 的责任，验收部门的负责人，你应该为此负 55% 的责任'等等"（男，40 岁，内审员）。

过去产品的质量检查由专门部门负责。现在，记录的机制使生产者首先是自己产品的质量检查员。员工要检查自己的生产并在工作结束时签字，说明根据自己的判断该工作的质量已经合格了。如果以后出现什么问题的话，员工不仅要对产品质量负责任，而且还要对自己关于产品质量合格的签字负责："ISO 9000 一个大的原则就是进行监控。操作工也必须监控自己的工作。以前，人们生产完一个零件后会把它交给另一个人去检验质量。现在，操作人员自己进行检查，然后自己判断零件是否合格。之后，企业当然还会有专门的质量部门对产品进行检验，但这是从企业的层面来进行的。第一个进行质量检验的肯定是员工本人。我们从每个零件上都可以看出来是哪个员工生产的，上面有一个标记。如果以后发现有问题，我们会把产品返回来，并找相关的人员"（男，33 岁，总经理）。

用签字的形式确认自己的工作合格，与拍胸口保证质量没问题是不一样的。因为签字是书面的，可以被保存、被移动、被传阅。理论上，人们拿着签字想给多少人看都可以。所以，签字作出的保证是一种永久性的保证，正如阿里斯所言："一个有书写传统的社会可以通过签字控制它的成员的行为，因为签字意味着签字人要对自己所签的内容负责任"（Harris, 1993：201）。在 ISO 9000 质量体系中，签字使自己的工作以及自己对自己工作的评价公开化了。因为要留下痕迹，所以，人们不敢随便作出"合格"的签字；但签字又是体系所要求的，所以，最保险的方法就是先把工作做好，使之合格，以求签下名字后能心安理得。自控意识就是这样树立起来的。所以，书面语由于它的痕迹性特征成为一种自控管理的工具，成为员工工作自主性和责任心的载体。

2. 记录使员工对别人的工作产生责任感

一个项目的完成往往需要分成几个不同的阶段。它们之间相互联系，环环相扣。一个人或一个部门的工作受挫就会影响到其他人或其他部门，甚至可能就会推后整个项目的完成。为了确保整个项目的顺利实施，不同的人或部门之间不得不加强沟通，密切合作。在 ISO 9000 质量体系中，单个人并没有掌握实现他的工作目标的所有信息和应有的手段，所以他必须依靠集体的力量（Du Ymedjian，1996：6）。当一个产品需要多道工序时，负责不同工序的工人之间就形成了一种相互监督的关系。工人接到工件时，要先检查上一道工序的质量。如发现问题，他要填写"不合格报告单"并退回工件。工人完成自己的工序之后，要在工件质量单上签字，以示对下一道工序的工人负责："我们是最后一道把关，每天都会检查出很多问题，一般来说，我们查出来以后，会登记下来，然后拿去给那个人，让他重新做有问题的地方"（男，25 岁，操作工）。

工件质量单从头至尾一直跟着工件。一切与该工件相关的信息都记录在案，如出现什么问题，是谁的责任，是如何解决的，等了多久才解决，等等："现在有什么问题，例如他的质量没有达到要求，很简单，我就填一张表，因为按照程序是这个样子的，我就这样做。填一张表发给这个部门。他就答复我，什么原因，采取什么措施。然后什么时候能改正，这样就规范一些，省事了，效率也就提高了。以前发现有什么问题的话就发个通报或打个电话给他，然后他改了没改呢，也不知道，反正大家都很忙嘛。他可以把你这件事情先摆在一边，先去做他认为重要的事情。回头他想起来就做，没想起来就摆在一边了。等下个月，又发现这个问题，然后又要发通报"（男，48 岁，副总经理）。

可见，ISO 9000 质量体系通过记录机制，使员工不仅要对自己的工作负责，而且要对别人的工作负责。企业上上下下形成一个相互监督的网络。

3. 记录使员工能有效地保护自己

当员工对自己生产的工件进行检查并在相关文件上签字时，他一方面向企业明示他做了什么并表示愿意承担相关的责任，另一方面也界定了自己的责任范围。从这个角度来看，书写在成为企业管理层控制员工的工具的同时，也成为员工保护自己以免遭受无端指责的武器。过去，由于没有记录，缺乏明确的证据，员工经常会因为某个责任不清的错误受冤而无力辩解。实施质量体系之后，员工可以拿出自己的记录来反驳，从而不再承担不属于自己的责任："举个简单的例子吧。如卡车的运输计划。如果上面下达的运输计划超额，我们完不成任务，就会产生一些麻烦。过去，如果出现这种事情，上面就会责怪我们干活不力。我们不知道该怎样辩解。现在不同了，每个月都有总结，大家知道卡车的运输能量，我们可以说：'这不是我们的错，因为怎样怎样……'"（男，37 岁，运输工）。

通常人们认为中国人是不喜欢书写的。特别是签字意味着要承担责任，所以员工普遍不愿意签字。有的企业为了让员工签字，规定如果不签字就要罚款，从领导做起："我们测绘院为了一个签字，从头头开始，每人 200 元，一直罚到最后一个人身上"（男，40 岁，ISO 项目职员）。但我们在调查中发现，情况也并不总是这样。在一个法资公司里，一位法方管理人员就认为，当有利于保护自己的利益时，中国人还是很容易就接受书写的："如果是为了界定自己的责任，中国人是比较乐意写的。他们通过书写似乎在说：'我接受这个责任。但我不会承担更多的责任。我不愿冒更多的险'。他们把书写当作备忘录。表明'出现过这样的一个问题，我是这样做的。我没有责任'。'我有记录，我做了我应该做的'"（男，法国人，27 岁，管理人员）。法国管理人员的这段话一方面说明书面语可以作为员工自我保护的武器，另一方面也反映了一位法方管理人员对中国员工的看法：中国人善于利用书写来界定自己的责任。我们认为，这与工作环境不无关系。这是一家法资企业，中国员工认为法方人员和他们不属于同一个群体。一般来说，在自己人的圈子内，如家人之间，朋友之间等，中国人少用书写，因为书写有疏远之嫌。但是，在对待不属于同一个群体的"外人"（如外国人、商业上的合作伙伴、陌生人等）时，书写就成了一种必不可少的防御工具。

综上所述，书面语与口语的一个重要区别是它的可视性和痕迹性。可视性明确了工作的范围和职责，使行为有据可依；痕迹性则使工作有迹可查，责任有踪可追。所以，书面语起着近似企业内部法律的功能。

ISO 9000 质量体系形成的自控式管理起源于记录的机制，后者则得益于书面语的痕迹性特征。所以，留下痕迹不仅具有实际的功能，因为它可以有效地排查质量问题的出处与原因，方便及时发现问题，解决问题，从而减少企业生产过程中出现错误的几率，降低企业的损失；而且具有象征性的功能，因为它改变了企业人员的行为，使企业的管理由他人监督逐渐变为自我监督与他人监督共存，提高了员工的自觉性与责任心。

第四节 小结

这一章的分析表明，书面语作为一种管理工具，具有改变企业的威力。这一威力来自书面语自身的特点。奥斯汀的言语行为理论认为，说就是做，说话就是完成某种行为。奥斯汀并不区分口语言语行为和书写言语行为，因为他的研究对象常常是一些单独的句子，因此似乎没有必要对二者进行区分。使用某个动词，无论是口语还是书面语，在他看来，都是在实施某种行为（Fraenkel，2001a：139）。但如果我们把书面语的物质性特征，特别是其可视性和痕迹性特征纳入我们的思考范围的话，我们就会发现，书面语的"施为之力"超越了奥斯汀的言语行为理论。例如，奥斯汀对"表述句"（constative）和"施为句"（performative）的区分对于书面语是不适应的。如出车祸时，警察要写一个"事故描述"。表面上这是一些描述性的句子，但由这些表述句形成的书面报告实际上具有法律作用。又如在证明上写"XXX 是我校的学生"。这不仅仅是一种表述，而且是对所表述事实的一种负责。

ISO 9000 质量体系体现在"写你所做的，做你所写的，提出证据"口号里的基本原则都是建立在书面语的可视性和痕迹性特征之上。企业中人际关系的变化和企业管理模式的变化与书面语的这两个特征息息相关。"写你所做的"不仅仅是对工作的描写，而且是对行为的改造，因为描写的过程是归纳行为并将其提高到意识层面的过程，也是把隐性的规则变为显性章法的过程。"做你所写的"实际上是把自己对工作的描写变成一个指导自己工作的规范。古迪认为，语法学家归纳语法规则时，实际上做了两件事情：一是通过高度概括把一个隐性的规则显性化；二是给予这个规则一种规范的力量（Goody，1994：273）。ISO 9000 中的书面语对企业产生的正是这种作用：通过描述使员工的经验与知识显性化，通过高度提炼使描述变成规范，通过记录的机制使规范产生力量。

第十章
书面语的局限性

我们在第九章中论述了书面语给通过质量体系认证的企业带来的巨大变化。这可能会给人一种错觉，以为书面语具有无量无边的法力。事实上，书面语并不是万能的。我们在调查中发现，在通过 ISO 9000 认证的企业中，有些真实地执行了质量体系的要求并取得了一定的效果，有些则是有选择地实施质量体系，有些则只是为了获得认证的名声，根本没有贯彻质量体系。也就是说，企业现实与质量体系之间存在着或大或小的差距。这种情况并非中国企业的特色，因为有研究表明，在法国也有这种现象（Cochoy *et al.*，1998）。出现这种情况也并非 ISO 9000 质量体系独有，因为"早在 ISO 标准出现之前，很多研究已发现规定的工作与实际的工作之间往往有一定的距离"（Lasfargue，转引自 Mispelblom Beyer，1999：191）。有学者甚至认为，偏离规定才是常规："在活动的实际进行中从来就没有对规定的绝对遵守"（Girin & Grosjean，1996：5）。

如何解释存在于 ISO 9000 质量体系与中国企业的实施情况之间的差距呢？缺乏执行质量体系的诚意自然是一个重要的因素，但这并非唯一的原因，还有更深层的社会文化成分存在。这些原因，有的来自 ISO 9000 质量体系本身，有的源于文化的差异，有的则与经济发展的大环境有关。本章单就 ISO 9000 质量体系本身的问题进行论述。

ISO 9000 质量体系的理论基础是语言工具论。它以书面语为手段，把文件视为机器一样的工具，要求人们把工作都写下来，然后按照所写的去做。有学者指出："ISO 9000 质量体系承载着这样的一种观念：语言可以控制工作。它认为理想的结局是有那么一天，企业完全按照程序的要求去运行"（Mispelblom Beyer，1999：201）。根据语用学的观点，语言的确有施为之力，也就是说语言可以改变世界现实。例如，一旦有了质量文件，工人的操作就可依照标准被判为"符合质量标准"或"不符合质量标准"。这种情况是实施质量体系之前所没有的。换言之，撰写质量文件的书写行为创造了一个新的社会现实。然而，语言毕竟不同于机器，语言所描述的事实也并不等于现实。ISO 9000 质量体系有将文字功能神奇化的倾向。"把语言文字功能神化的心理基础是把语言文字和它指称的事物或现象合而为一"（戴昭铭，1996：185）。例如，把某人的名字写在纸上当作某人的身体来戳，把"福"倒过来贴等于"福到"，等等。事实上，语言的"施为之力"并不存在于语言本身，而存在于语言背后的人和人所形成的社会关系。法国著名社会学家布尔迪厄（Bourdieu, P. 1930-2002）就曾批评那种认为语言本身具有"施为之力"的观点，认为那是一种"语言崇拜"。他认为，词语本身是没有"施为之力"的。语言的"施为之力"来自语言使用时的社会情景和有资格讲话的人的权力（转引自 Borzeix，2001：58）。

ISO 9000 质量体系以书面语为运行载体，而体系与现实之间的差距某种程度上恰恰就是由书面语的某些内在特征所引起的。口号"写你所做的，做你所写的"容易给人三种错觉，一是以为我们可以把自己的所做都写下来；二是以为我们的所写能与我们的所做一一对应；三是以为在书面语面前人人平等。事实上，"所做"指"动作"，"所写"指书面语，两者属于不同的范畴。下面我们就书面语的某些内在特征对质量体系的这一口号提出一些质疑。

第一节　能把一切都写下来吗？

ISO 9000 质量体系希望人们把一切都写下来，让一切都透明化，并且认为，如果所有人都能够做到这一点的话，那么，知识就公开化、集体化了。这样，工作就不再依赖个人了。如果一个工人走了，另一个工人按照对工作的描述，就可以把工作承接下来。事实上，把一切都写下来仅仅是 ISO 9000 质量体系的一种一厢情愿而已。

书面语是知识的一种运用，而动作更多的是技能的一种体现。书面语对于动作的描述往往具有局限性。ISO 9000 让我们相信我们可以把所做的都写下来，而事实上我们的一部分动作是在潜移默化中习得的，而且已经自动化了，部分地超出了我们的意识之外。有些动作我们可以展示，但不一定能口头表达或书面描述；有些动作则完全"只可意会，不可言传"。有学者认为，我们每天在工作中用到的能力并不只有使用语言符号或其他符号的能力，还有感觉能力和运动能力。后面的这两种能力不是书面学习的结果，而是肢体感觉记忆习得的结果。它们被称为"行为能力"，或"心照不宣的知识"（Polyani，转引自 Daniellou & Garrigou，1995：75）或"无意识的知识"（Vermersch，转引自 Daniellou & Garrigou，1995：75）。这些知识很难用语言表达出来。调查中，受访者也表达了这种困惑："其实最大的困难就是很难把那个操作程序给写出来。要自己写出来，而且还必须配合质量体系的那个框架。质量部给你一个 instruction，告诉你怎么写。大家已经习惯了工作。平时出了什么问题就解决什么问题，并没有一个很系统的方案。真的要把所有的方案总结出来，还真是挺头疼一件事。总体来说就是觉得操作比较琐碎，很难总结得出来"（女，28 岁，工程师）。这里的困难不仅在于操作比较琐碎，难以总结描述，而且还在于书写必须符合质量体系提供的框架。员工在制作操作指导书时，有时会遗漏一些动作，甚至一些关键性的动作："我们就曾经发现一些很重要的操作在操作指导书上面没有，结果那个产品就出问题"（女，40 岁，项目经理）。

法国社会语言学家布泰从另一个角度解释把一切都写下来的困难。她认为，这一困难源于语言与工作自身的特点：从本质上来讲，语言具有一般性，而工作具有特殊性："工人觉得自己语言能力低下，因为他们不知如何表述他们的工作。然而，这并不是因为他们缺少表述工作的词汇，也不是因为他们语言能力低，正如'语言低能论'所认为的，而是因为语言作为一种集体资源，必须为所有人服务，因而不可能与每个特殊的经验相符合。从这一意义上讲，可用的符号材料总是不足的，在工作环境中尤其如此"（Boutet，1997：215）。

综上所述，"所写的"与"所做的"是两个不同的领域，人们不可能把"所做的"都变成"所写的"，也就是说，"所写的"覆盖不了"所做的"。此外，编写质量文件有一个很实际的目的，那就是通过认证。而认证又要求文件遵循一定的规范与格式。有时为了迎合认证标准的要求，人们不得不编写一些与企业实际不相符的文件。例如，根据领导层的喜好或认证公司的要求来编写文件："我们现在写的其实是根据上面的喜好来的。上面喜欢什么样的报告，我们就写什么样的报告"（男，42 岁，ISO 项目负责人）。具体来说，为了符合要求，实际没有做的事情也写上去了："有些东西完全没必要那么去做，但是却写进去了"（男，39 岁，工程师）。也就是说，这时的"所写的"，并非实际的"所做的"，而是上级或认证机构所要求的"所做的",或者说,是一种理想化的"所写的"或一种脱离实际的"所写的"。从顺序上讲,"写你所做的,做你所写的",应该是先有做再有写,但为了认证能通过,很多企业往往是先编好操作规程,发给工人,让他们背熟并按写好的操作规则去做:"给每个工人都下发质量保证手册及本工种的操作规则,让他们背熟这些规则,按照这些规则去操作"(男,30 岁,办公室秘书)。

第二节　能完全按写下来的去做吗?

ISO 9000 质量体系不仅要求人们把一切都写下来,而且要求人们把写下来的东西当作规范来遵守,严格按照所写的去做。按照 ISO 9000 的术语,这就叫做"遵循程序行事"。"遵循程序行事就是使自己的行动与文件里对行为的描述相符合"(Girin & Grosjean,1996:6)。这涉及到实际的动作与关于这一动作的书面规范之间的关系问题。布泰关于语言具有一般性特征的观点同样适用于书面规范。书面规范具有概括性和抽象性,而动作总是在一定情景中完成的,具有不确定性和唯一性。一个句子必须在具体语境中才有明确的意义。同样,对一个操作的书面描述也不可能与千变万化的实际操作相对应:"最困难的应该是怎样把文件的东西和实际所做的东西统一起来,或者使所想、所写和所做的东西一致。这涉及到文件的内容和人之间的关系。写是这样写,但做不是这样做。或者是没有写,但做了。常会出现这种情形,两者不能相配合,这是最难的。写是很容易的事情。说难听一点,关起办公室的门,什么都可以写出来,但是否都能做到呢,那就不一定了"(男,33 岁,总经理)。

在具体情景中,各种因素的相互制约使人不得不有所变通或偏离规范。事实上,严格按字面执行书面规范有时反而会使一切事情都办不成。有学者甚至指出,故意一字不差地执行质量标准已变成有效阻止生产的另一种罢工方法(Lebaube,转引自 Mispelblom Beyer,1999:190)。ISO 9000 质量体系有时使工人处于两难的选择:如果不根据实际情况变通,可能会给公司带来严重的后果。但变通了又会违反操作规范。贝耶(Mispelblom Beyer)就举了这样一个说服力很强的例子:

> 根据一个食品运输公司和一个奶酪供应商之间的合同,食品运输公司的冷冻卡车在运奶酪时车内温度必须保持在 6℃。但这些卡车也同时可以运能承受高一点温度的其他食品。然而,

有时奶酪生产出点问题，库存不足运一车；有时生产又很顺利，奶酪一包一包地往外吐。这些奶酪必须马上运走，不然就会堆积在没有冷气设备的码头上。这时，运输公司往往调动所有能够调动的卡车来运，但有些卡车的温度是不符合合同要求的。如果严格执行文件，那么，奶酪就会堆在码头，如果双方协商，灵活处理，则堆积可以避免（Mispelblom Beyer，1999：189）。

我们的调查也表明，有很多因素使人们无法完全按照写的去做：

首先，人力和时间的因素导致了"写"与"做"之间的距离。例如，质量管理文件规定某项工作需要多人合作并按步骤逐步完成。但该工序人员不够，实际操作就无法按文件规定执行。于是，为了按时完成任务，工人只好几个步骤同时进行："你不可能完全按照工艺流程来做，因为不可能的嘛。比如说我们，按照工艺流程，我们要先做检查，再吊装过去……我们这里应该是有四个人的工位，我们现在就只有 3 个人，要是完全按照工艺流程来做，根本完不成。所以我们就只好做得快点，有时候先吊装，再检查，再做后面的步骤，或者同时做几个步骤"（男，25岁，操作工）。有时，企业人手不足，不能满足文件规定的岗位数量。例如，文件要求一个开发小组的成员中必须有硬件工程师和软件工程师，但有些部门没有某类工程师，于是只好在文件上挂上别的部门的某个工程师的名字："我们那个开发小组里面，写有硬件和软件工程师的名字，实际上我们部门根本就没这么个人。那我怎么办呢？我就在公司里面选了一个人，他是懂电子这方面的，请他在上面签名。出示文件的时候，显示这方面的工作我们有人负责，就行了。事实上，这个人不在我这个部门，也不参与开发工作"（女，40 岁，项目经理）。另外，由于质量管理文件规定的手续比较繁琐，事事都要求记录，影响工作效率，所以，有些员工只好做完某项工作以后，一起做记录："质量操作手册和操作规程规定的手续比较烦琐，而且每件事情都要有记录，使得工作会变慢一些，花费的时间多一些。所以，我们就做完了一起填表做记录"（男，30岁，办公室秘书）。有时，也可以几个人分工，大家轮流记录签名："平时要签字，每天都要签字，在我们的质检记录上我们都要签字。因为我们是三个人，我们就三个人轮流，这个月你签，下个月他签，"（男，25岁，操作工）。有时，时间上根本不允许按照程序走："比如说业主在合同中要求收到中标通知书之后 15 天或一个月内完成施工图。设计周期这么短，根本就不够时间再来填 ISO 9000 要求的相关表格。而且实际合同经常在完成施工图之后的一段时间才开始洽谈，这样根本就做不到 ISO 9000 要求的相关步骤"（男，39 岁，工程师）。

其次，每个人的情况不一样，使用的机器也不一样。这些因素也使"所做的"与"所写的"无法完全对应："不可能总是一样的。比如说 10 根螺杆要钻孔。每个钻头都会有不同的磨损度。磨刀的技术好不好，刀一样不一样，角度一样不一样，都会影响到磨损的情况。不可能很精确的。不光是人，机器也有这样的问题，不管你的机器怎么精密，也要有磨刀头，磨了刀才能让机器转，还要有车刀，角度稍微大一点就不一样了。制作零件不一定要相同的。我只要保持在那个尺寸就可以了。可以允许有个误差范围"（男，25 岁，操作工）。

最后，也是最重要的，写下来的东西是固定不变的，而工作环境是多变的，而且各种情况都可能发生，"所写的"无法完全预料或完全覆盖"所做的"。为了适应情况变化，人们不可能死板地按事先规定好的程序去做："按照文件的规定，签好合同后，必须走合同备案送审的程序。合同管理部门，也就是计划科，收到合同以后，还要填一个下达任务的任务单给有关部门。这些部门接到任务单后，就等于接到上级下达的任务了。在这个过程里面我就觉得有点假了。有些任务可能是下面的生产部门自己在外面揽回来的，但现在还要通过院里的行政部门下达任务给他们。这个程序就不对了，从道理上也说不过去，这样兜一圈，时间就拖长了，其实在任务书到达的好多天以前，生产部门已经开始工作了。工作开始以后，有工作时间的记录。按规定办的话，没有接到任务书之前是绝对不可以开展工作的。这样在日期上就要做一些文章了，这样不就等于作假了吗？只能把工作时间改在接到任务书的日期之后，不能按照实际的时间填写各类表格，否则跟 ISO 9000 的相关规定就有所冲突了"（男，39 岁，工程师）。所以，为了迎合认证要求，人们只能补做文件或补做记录，以便证明"所做的"与"所写的"是对应的："评审的时候就会做假。有的工作平时有做但没有记录。最后便会补文件、补签字"（女，27 岁，销售部部长助理）。然而，这种对应是虚假的，并不是企业现实的真实反映："有一部分表格填起来就像写回忆录，其实写回忆录在 ISO 9000 体系中是不允许的，应该是做了什么当时就要记录下来的，但实际操作起来不是那么容易的"（男，39 岁，工程师）。由于 ISO 9000 质量体系过分看重文件的作用，认证时检查的重点又是文件的齐备以及操作规则与记录之间的对应，所以，虚假的文件所造成的"所写的"与"所做的"之间的虚假对应有时也能蒙混过关："文件很多，但没有内容，都是在骗人。但总能骗过一些人，就和街上的骗子一样。摆了那么多文件纯粹是为了应付检查，工作中根本不是按照文件上规定的去做的"（男，42 岁，ISO 项目负责人）。

综上所述，ISO 9000 质量体系希望把操作写下来，然后所有人都按照写下来的去做，似乎这样就可以保证员工行为的一体化以及质量的一致性。其实，撇开人和情景的因素，质量有时只是一句空话。例如中医的针灸。不少从欧洲来学中医的留学生喜欢追问老师："究竟这根针要扎进多少毫米？"因为没有准确的数字，他们觉得很难掌握。问题是，老师如果给了准确的数字，针灸就失去了它的科学性了。因为针扎进多少毫米，是由很多因素相互制约而定的，如患者的年龄、性别、身体状况、气候等等。此外，书面规范需要理解之后才能落实为具体的动作，但对规范的理解也可能会因人而异。特别是当一个概念从一种语言转换为另一种语言的时候，情况更是如此。如对"企业"、"质量"、"控制"等ISO 9000 质量体系中的基本概念的理解，中国人和法国人可能会有所不同。即使同属一个文化的人，对出现在各种协议书、合同、招标书等文件中的词语的理解也往往不尽一致。

第三节　在文件面前人人平等吗？

ISO 9000 质量体系还有另一个幻想，认为书面文件就是法律。从总经理到操作工，人人都要写文件，而且人人都要遵守写出来的文件，在书面语面前人人平等。然而，企业本身是一个各方利益博弈的场所，雇方与被雇方从来就不是一种平等的关系。这种不平等关系表现在如下几个方面：

第一，劳资关系本质上就是一种不平等的关系。"劳动合同的特点建立在这样的事实上：作为对稳定报酬的交换，工人完全自愿地接受雇主的权力"（Thuderoz *et al.*，1999：59）。工人总觉得自己付出太多而报酬太少，而雇主则总觉得被雇方的潜力还没有得到充分的挖掘和利用。所以，在为什么要实施 ISO 9000 质量体系的问题上，双方就存在不同的看法。工人认为这是雇主对自己进一步剥削的手段，雇主则视 ISO 9000 质量体系为挖掘潜力的良策。

第二，并非所有人都有权参与书写。ISO 9000 质量体系所使用的书面语表面上似乎对所有人都一样，但事实上，隐藏在书面语背后的是人与人之间的权力较量。法国人类学家科雷日（College，S. J.）认为，书面语是一种威力强大的工具，它的使用很少不具有社会的、经济的和政治的意义。一般来说，人群中不会书写的人被会书写的人所统治，写得不好的人被写得好的人所控制。所以，"有书面语的地方，就必定会有阶级的存在"（College，1994：15）。ISO 9000 质量体系要求人人都参与规范的制定，且人人都遵守制定出来的文件。这容易给人一种在铁面无私的书面文件面前人人地位平等的错觉。事实上，企业中的等级差别以及岗位不同早已决定了规范制定过程中各方不平等的地位。工人虽然可以参与规范制定的讨论，但他们主要的任务是提供工作的描述，执笔和定稿还是由工程师或管理人员来做："在这个生产投产之前，我们的工艺工程师就会去设计这个工序，怎么样做，每一个动作他都要写下来。在编写工序设计的过程当中会有工人参与，他要参与我们的讨论，要看这样做行不行，讨论这个过程工人就参加，写文件就是工程师写"（女，40岁，项目经理）。可见书写体现的是一种个人或利益集团的书写霸权。

第三，书面语给各方带来的利益是不平等的。虽然领导层和管理层也要遵守规则，但就工作的性质而言，领导层和管理层还是属于决策和监督遵守规则的一方，而工人则属于执行决策和遵守规则的一方。在调查中，我们发现管理人员与工人对 ISO 9000 质量体系的态度很不一样：前者持肯定态度，后者持反对态度。根本原因在于，不同阶层的人在 ISO 9000 质量体系中受益不一样。领导层和管理层之所以欢迎 ISO 9000，是因为该体系强化了他们的权力，方便了他们的管理。的确，工人把什么都写下来等于把自己的底细都交给了管理者；工人严格按所写的去做，管理层的工作也就省事了。负责具体操作的工人之所以大体上都对 ISO 9000 表示反感，认为它"没用"、"琐碎"、"烦人"，那是因为该体系不仅增加了他们的工作负担，而且向他们施加了新的压力，使他们处于更加弱势的地位。的确，质量体系带给工人的是一系列行动限制与日常动作的规范。

第四，在书面语面前没有平等关系。企业管理始终贯穿着权力关系。那种认为书面文件可以管理企业的想法是天真而幼稚的。事实上，书面语之所以能在企业运作中发挥作用，靠的并不是书面语本身，而是隐藏在书面语背后的权力。工人必须严格遵守文件的规定，领导层却是可以不按规定行动的："在我们公司，根据文件的规定，一个项目应该由相关部门的经理来共同决定。但是我们经常不是这样的。例如，报价本来应该由几个人一起决定的，但事实上，老板不用和别人商量，一个人就可以做主了"（女，40岁，项目经理）。又如，同样犯错，但处理的结果有时却是不一样的："认证只是帮助公司规范一部分工作，而不是全部工作。例如有的人犯了错会被炒掉，但有的人却不会，这就要看老板的喜好了"（女，27 岁，销售部部长助理）。

ISO 9000 质量体系希望通过书面语实现人人平等，排除管理中人际关系因素的干扰。但是，企业是一个人群聚集的地方，无法避免人际关系，也必定会有利益的冲突。管理层与工人参与 ISO 9000 质量体系的程度不一样，从该体系获得的利益也迥然不同。所以，ISO 9000 质量体系所谓的平等在实际中是不存在的。书面语使用的背后隐藏着各方利益的角逐。在这场较量中，虽然工人总体上处于劣势，但他们也不会坐以待毙。他们也懂得把 ISO 9000 质量体系当做武器保护自己。例如，通过描述工作来体现自己的能力与作用；通过限定工作责任来争取自己的权益；拒绝把自己的所做全部透露出来，以便保护自己的技术秘密，避免随便被别人取代；尽量压低标准以减轻工作强度；故意不执行标准，以示对制定标准的人的反抗，等等。由此可见，ISO 9000 质量体系所鼓吹的平等只是一种假象而已。书面语使用的背后是权力与利益的博弈。

第四节 小结

在调查中，我们发现，通过了 ISO 9000 质量体系的中国企业的实际情况与该体系的要求有一定的差距。这些差距不能简单地用"造假"来解释，而应该从深层寻找原因。其中一个重要的原因就是 ISO 9000 本身的问题。该体系希望人人把自己的所做都写出来，并且按所写的去做，从而实现企业生产规范化和企业人员人人平等。其实，这一切都带有理想主义的色彩。这种理想主义建立在一种以神化语言功能为主要内容的"语言崇拜"之上。事实上，企业里的各种关系不可能像 ISO 9000 所想象的那样完全通过文件来调节。企业里贯穿着人际关系，正如法国社会学家拉科斯特所言：企业并不单纯是完成生产任务，它同时也在建立各种社会关系（Lacoste，2001a：47）。企业中的书面语不可能处于社会关系的真空中，也不可能不负载人际关系的内容。

第四部分
书面语使用的跨文化分析

　　这一部分的主题是书面语使用的跨文化分析，分别讨论"书面语观念的文化性"（第十一章）、"交际方式与文化选择"（第十二章）和"签字的中西方差异"（第十三章）。

　　口语和书面语以不同的方式解决人类社会中出现的各种交际问题。如何选择，如何使用，在何种情境下使用则会因文化而异。这与一个民族的思维方式、传统习惯、价值观念、人文特点等因素有密切的关系。

第十一章
书面语观念与书面语使用[1]

　　书面文本，无论是一封信、一份文件或一份传真，都有一些共同的特征。例如，它们都可供人阅读，有物质载体，可见并有迹可循。这些特征属于书面语的内在特征，与使用者关系不大。但是，由这些特征所引发出来的对书面语的一些观念，却可能因文化而异。换句话说，在不同的文化里，书面语可能隐含着不同的社会意义。其次，书写是一种社会行为，它像其他社会行为一样要受到一定的社会规范的制约，所以，书写的权力以及书写的内容都会有所限制。这在任何有文字的社会里都是大同小异的。但是，正如不同的文化有不同的社会规范，对书面语使用的制约程度以及制约的侧重点在不同的社会也会有所不同。

第一节　书面语与交际习惯

　　斯科顿（Scotton, M.）的标记理论（Markedness Model）认为，社群成员之间常常使用一种语言（如母语），习惯成自然，日用而不知，这种语言就变成了一种"无标记"（unmarked）的语言。如果在社群内部，突然用一种平时只用来与社群外的人打交道的语言（如外语），就会让人感到意外，这种语言就是一种"有标记"（marked）的语言（Scotton, 1988：152）。其实，标记理论是一种分析语言现象的原则。从广义上讲，当一种语言现象比另一种语言现象显得更基本、更自然、更常见时，它就是一种"无标记"的现象；而那个比较特殊、比较罕见的现象则称为

---

1 本章主要内容来自郑立华，"浅析'书面语'隐含的社会意义"，《现代外语》，2001年第1期。

"有标记"的现象（王宗炎，1990；陈建平，2000）。例如，小孩讲小孩话，是一种"无标记"的现象，因为这是符合规范与习惯的；如果小孩讲大人话，那就是一种"有标记"的现象，因为这有悖常理，容易引起人们的注意、诧异甚至反感。可见，一种语言现象是否有标记，与一个语言族群的交际习惯和人们的社会心理有很大的关系。由此我们可以推出如下的假设：分属不同文化的人，由于价值观念和交际习惯的不同，对语言现象的标记性的定义可能会有差异。也就是说，同样的一种语言现象，在一种文化中可能被视为"无标记"的，而在另一种文化中则可能被定义为"有标记"的。

书面文本通常被认为是比较严肃的。在调查中，无论是中国人或是法国人，都说涉及正规的或重要的事情时，他们偏向于使用书面语。例如，一位在中法合资企业里当翻译的被访者说："我们公司用'内部通讯'来进行各部门之间的沟通。'内通'一般用于比较正式的文件。比较小的事情就不用'内通'了，因为办公室在一起，叫一声或打个电话，口头说就行了"（男，33岁，翻译）；另一位在中资企业工作的工程师说："一般口头交代的东西都是一些不太重要的东西，当然有时候时间很赶，来不及写的话，也会口头说一下，但后来还是会补上这个书面的东西的。用手写，就比较规范了，比较正式了"（女，50岁，工程师兼内审员）。所以，书面语是与"严肃"联系在一起的，而"严肃"又使人想到"正规"与"重要"。可"严肃"的内涵是什么呢？

事实上，在一个企业的日常运作中，无论是书面语，或是口语，从交际的方向来讲都可分出两种类型的交际：一是"纵向交际"，指的是从上级到下级或从下级至上级的交际；二是"横向交际"，即平级之间的交际。前者是一种带有等级差别的交际，后者是一种相对趋于平等的交际。我们在调查中发现，中国企业中使用书面语的情况，大都属于"纵向交际"：一方面，上级部门要通过文件的形式发通知、决定、规章制度或其他带有指令性的东西。这里，书面语除了实用性的功能外，还包含着一定的社会意义："严肃"性，而这种"严肃"有利于强化上级的权威；另一方面，下级要向上级提出某项申请或办其他的事情，必须写个报告请求批准，这样也显得"严肃"些，但这一"严肃"包含的更多是对上级的尊重。两种情况都属于不平等的交际。如果一个下属写一份书面材料给上级领导，不是为了提出某项申请，而是为了提意见。这样做也显得很"严肃"，但这种"严肃"包含的是对上级权威的挑战。当这种情况发生时，一般是一种"抗议"或"上诉"的行为，而且往往是越级往上送材料。

　　其实，在所有社会里，书写都要受到一定的社会规范的制约。但社会规范如何制约书写行为，如谁有权写？什么可以写？写给谁看？不同的文化会给出不同的答案。中国文化非常强调等级观念："中国古代社会，特别是封建社会，是以血缘关系为纽带的宗法等级社会。家庭是整个社会的核心。在家庭利益高于一切的情况下，每个家庭成员的行为都必须绝对服从家长意志。所以封建家庭人际关系的核心就是父子、夫妇、兄弟之间的依附与被依附、服从与被服从的宗法等级关系"（王举忠、王冶，1989：206）。而整个国家的社会关系实际上就是一个"扩大了的家庭人际关系"，因为"国家"是一个"国"的"家"："其他社会关系分别以某种家庭关系为蓝本，围绕家庭关系展开"（同上：228）。所以，在中国企业中，书面语使用遵循的是等级尊卑的原则。这是一种符合中国文化主流的"无标记"的方式，也是顺理成章的事情。人们都觉得很自然；而违反这一原则的书面语使用就成了一种"有标记"的行为，因为它包含某种不平常的意义。"有标记"的行为有悖习惯，容易引起震惊，甚至不安，因而也往往是下级为了达到某种要求而采取的不得已的办法。一位在中资企业工作的法国专家的困惑也许在这里可以得到一些解释："我有点不大明白：这里的中国同事在同广州或北京的设计院联系时都是通过电话的形式的，有问题也一样。他们说，写下来就表示有问题了，但他们不能说有问题，因为设计院是上级权威机构。对于他们来说，写一封信，指出某设计院的某项设计有问题，是很难的事情。大家都看到了问题，都知道有问题，但就是不写下来"（男，法国人，48 岁，工程师）。必须指出的是，"不写下来"并不是中国人特有的，而是文明社会共有的一种避免留下痕迹以达到保护自我或他人的目的的常用策略。只是在格外重视名分及等级的中国文化里显得尤为突出而已。下属更多地避开书面语，通过口语来解决问题。可见，在中国的"纵向交际"中，从下至上而又违反等级原则的书面语使用是一种"有标记"的交际，隐含着某种批评的社会意义。下面的例子可以进一步作佐证。据《羊城晚报》报道，该报于某日刊载的"张艺谋出卖了中国人？"一文，在读者当中引发了强烈反响。读者纷纷以电话、传真、电子邮件等形式发表意见。"一个有趣的现象是，持赞同意见的读者大多以电话形式表达，在电话里大声叫好；而'反方'则多用传真和电子邮件，其中不少上升到了理论的高度"[1]。

---

1 见《羊城晚报》，2000 年 2 月 25 日。

　　至于"横向交际",即平级之间或地位大致相同的人之间的交际,中国人一般多使用口语,因为书面语承载等级关系或紧张的人际关系,而口语包含相对"平等"、"亲和"的社会意义。"横向交际"也有使用书面语的时候,但那往往是因为有外部因素加入的结果。距离就是此类外部因素的典型例子。一位妻子给出差在外的丈夫写信是正常的,因为有距离相隔。但两个人同处一屋檐下而相互使用书面语,就属于"有标记"的现象了。可能双方正处于"冷战"阶段甚至感情出现危机。可见,关系相对平等的人之间,在有可能使用口语交流的情况下不用口语而选用书面语,这种选择是"有标记"的、违反常规的。这种书面语使用负载着某种特别的社会意义:写的人或是要套用"纵向交际"的模式向对方强加权威,或是要与对方拉开人际关系的距离。

　　如上分析有助于我们解释在一些企业中出现的文化矛盾。例如,一位在中资企业工作的法国专家,发现他给中国工程师的设计草图所写的书面意见往往引起对方的不快:"我有时用书面语写意见,但我觉得不大受欢迎。有一次,我给一位年纪大一点的工程师的设计草图写了书面意见。他说写书面意见太生硬了。现在,我改用口语提意见,一切变得很顺利"(男,法国人,50岁,工程师)。在这一例子中,因为资历与年龄的关系,这位中国工程师的地位与法国专家几乎可平起平坐。用书面语写意见,不仅拉开了两人之间的距离,而且容易使人联想到老师批改作业时写的评语,从而把工程师降低到了学生的地位上。必须指出的是,在法国企业中,因为普遍使用书面语,所以平级部门之间用书面语沟通是很正常的事情。但是,在人际交往中,法国人与中国人一样,也尽量避免用书面语与地位相当的人交际,因为这时的书面语也是一种"有标记"的交际形式,对人际关系或多或少都会产生负面的影响。不同的是,在中国文化里,从家庭关系衍生出来的人际关系,如朋友之间或同事同学之间的关系,更多地强调融洽与和谐,所以,比起法国人来,书面语对中国人人际关系产生的疏远作用显得更大一些。然而,下面我们将看到,中国人也并不是对所有的人都讲亲和的。

第二节　书面语与群体意识

　　法语中有一句成语:"Les paroles s'envolent et les écrits restent"。汉语中也有相同意义的成语,那就是"口说无凭,落笔为据"。两句成语都强调书面语作为证据的功能,而这一功能又是建立在其"有迹可查"的特征之上的。"落笔为据"似乎成了不容置疑的真理。然而，是否一切口头的东西都不足为凭，而一切书面的东西都可为证据呢？为了回答这一问题，我们必须考察一下口语和书面语使用的社会背景以及这两种交际方式的不同社会分工。先让我们看看下面的两个例子：

> 去年，我要买房子，一个很要好的朋友借了我8万元。我没给他写收据，他也没跟我要。一个月前，我把钱还了（男，40岁，部门经理）。
>
> 文字的东西如合同、各种单据很重要，因为国内的商人信用程度不够。例如有一家大商场就因我们没有他们的签收单为由，拒绝为收到过的货付款（女，24岁，副总经理）。

上面两个例子可以说代表了两个极端。在第一例中，一切都是建立在口语之上的，而且并没有发生"口说无凭"的情况，因为借的人并没有赖账。事实上，在这一例子中，起关键作用的也不是口语本身，而是背后的人际关系，即"友情"和"信任"。是"友情"和"信任"决定了借钱和还钱的行为可以在没有任何书面凭证的情况下进行。而这一行为方式反过来又加深了双方的"友情"和"信任"。在这种情况下，"没有书面凭证"不单不会引起问题，反而成了这一友情游戏的着力点：一方是在"没有书面凭证"的情况下借出巨款的，也就是说，他是冒着风险的，足见他对朋友的一片赤诚之心和毫无保留的信任；同样，另一方是在"没有书面凭证"的情况下自觉还回款项的，也就是说，他有悔账的可能性但并没有利用，可见他对朋友十足的"信"与"诚"。这些丰富的社会意义都会因为书面语的介入而大受影响：如果这一借一还的过程都有书面凭证（借条或公证）作为"落笔为据"的话，那么，人们对当事人的行为动机就会有另一番的诠释：你敢借钱可能是因为有凭证在手，不怕对方不还；你如数还款，可能是因为立过字据，不得不还。朋友间的"友情"与"信任"因此被大大地打了折扣。这一主动放弃书面凭证的做法对于第二例显然是行不通的。这不仅仅因为后者是一种企业间的商业交换活动，而且更重要的是参与活动的双方的关系完全不同：第一例属于群体内部，即面向"自己人"的交际，第二例属于群体外部，即面向"外人"的交际。这里我们触及了中国社会人际关系的突出的特点之一——"内外有别"的原则。

"内外有别"的原则与中国社会的结构有很密切的联系。每个人类社会都是由一个个的个体组成的，这一点毋庸置疑。但是，在不同的文化里，个体与社会之间的关系是很不一样的。根据易中天的分析："中国文化的思想内核是'群体意识'，而西方文化的思想内核是'个体意识'。所谓'个体意识'，简单一点说，就是认为每个人都是独立的个体，是具有独立意志和独立人格的个人……所谓'群体意识'，也简单一点说，就是认为每个人都是群体的一员，是具有共同意志和共同人格的群体的一部分，而且是群体不可分割的一部分"（易中天，1996：28-29）。所以，相比较而言，在西方文化中，个体虽然是社会的一员，但他相对于其他个体是一个相对独立的个体，而且与集体、社会的关系也较松散；在中国文化中，组成社会的个体之间是一种相互依存的关系。个体就如一张大网上的一个点，脱离了其他点就难以存在。这种群体意识在人际关系中的一个具体表现，就是人们在决定自己的行为时，非常重视他人会对自己行为作出的期待与反应。另一方面，他人的舆论与群体的眼睛，也在每时每刻地监控着个体的行为。这是因为，"传统中国是一个以伦理为本位的社会或称之为伦理社会"（王举忠、王冶，1989：57）。中国伦理的"五伦"实际上规定了一种一对一的人际关系，即一个人相对于另一个人而存在，如父相对于子，子相对于父，夫相对于妻，妻相对于夫，等等。每个人都处在社会伦理名分的坐标上，有其相应的权利与义务。一个人要依靠族群来实现自己的社会价值，因为他的社会形象是由他所在的族群来定义的。"儒家思想的核心之一是'仁'，从仁这个字的结构有'二'和'人'组成，可以看出，其内涵与一个人与他人的关系有联系"（关世杰，1995：169）。然而，必须指出的是，这里的"他人"与"群体"并不是泛指的，而是指与当事人有某种关系的"他人"（如朋友、邻居、老师等）和他所属的"群体"（如家族、学校、单位等）。换言之，是有资格定义他的社会形象且有力量监控他的行为的那些"他人"与"群体"。我们可以借用社会心理语言学的术语，区分"内群体"（ingroup）与"外群体"（outgroup）（Giles & Saint-Jacques，1979：xi）。属于前者的人被视为"自己人"，属于后者的则被划为"外人"。如果说，在所有文化里，人们对待"自己人"的态度总是多多少少有别于对待"外人"的态度的话，那么，"内外有别"则是具有浓厚群体意识的中国文化的一个突出的特征。正如跨文化交际学家萨莫瓦尔（Samovar，L. A.）和波尔泰（Porter，R. E.）所指出的："集体主义的特点是具有关系密切的社会组织，且区分'内群体'和'外群体'"（1991：128）。在这种文化里，人们具有很强的"自己人"的意识，而且在"内群体"面前的行为往往与在"外群体"面前的行为不一样。

　　"内群体"关系的一个重要特征是"信任"。"内群体"最基本的单位是家庭。而家庭内部成员之间是一种自然的、以"情"为纽带的血缘关系。所以，"亲密"与"信任"既是"内群体"关系的基础与前提，又是其既定内容。也就是说，同属一个"内群体"，或都是"自己人"这一事实本身就意味着成员之间关系的亲密和相互信任。在这种情况下，再使用书面语作为证据，不仅是画蛇添足，而且势必导致不信任或有把对方视为"外人"之嫌。婚前财产公证就是一个很能说明问题的例子。有一位法国人要与一位中国姑娘结婚。当他提出去办理婚前财产公证时，女方愤怒地说："不结婚了。你压根儿不相信我"。婚前财产公证在西方是很平常的事，因为在西方文化里，人首先被看作是单独的个体，人与人之间是一种契约关系，夫妻关系也不例外。"西方人每到结婚纪念日，就要举行仪式，进行纪念，便带有重申契约有效的意义"（易中天，1996：31）。最近，婚前财产公证开始出现在中国。但某市司法公证处发现，当一方要求办理婚前财产公证时，对方很容易改变初衷，了断情缘。"据了解，不少人认为，婚前进行财产公证是对婚姻缺乏信心的表现"[1]。这一点似乎必须到中国的传统观念里去找解释：夫妻关系乃至整个家庭关系是一种最亲密的"内群体"关系，一家人"你中有我，我中有你；你的就是我的，我的就是你的"，就像一个人一样，不可分离，无论彼此。而婚前财产公证恰恰是与这一传统观念背道而驰的，因为它把理性引进婚姻生活，要明文定义双方的权益，在夫妻两人之间划一道明显的界限。它还使人想到离婚，似乎未结合就已经在为离异未雨绸缪了，显然是"不祥之兆"。所以，"内群体"内部是不适宜"落笔为据"的。我们只有对待"外人"时才需要求助于书面语，因为"外人"不受我们的控制。

　　"内群体"关系的另一个特点是它的默契性———一切尽在不言中。这是书面语不适应"内群体"的另一个重要原因，因为书面语白纸黑字，把一切都写得清清楚楚。在中国文化中，夫妻之间的相互信任、家庭成员之间的亲情、"自己人"之间的亲密关系是无须言明的。言明了有时反而不好。这里举一个在美国留学的中国女孩的例子。有一次女孩给在中国的父母写了一封短信，并学美国人的样子在信末写上"我爱你们"几个大字（I love you）。父母接到信后，很紧张，马上打电话给女儿，问发生了什么事，叫她千万别想不开做出什么傻事来。这是因为子女对父母的爱，正如父母对子女的爱一样，是不用说出来的。说出之时，往往是诀别之日。

---

1 见《羊城晚报》，2000 年 12 月 4 日。

由上述可见，在群体意识浓厚的中国社会里，群体内部的人际关系是建立在"情"与"默契"的基础之上的，所以主要交际手段是富有人情味的口语。书面语由于太过"理性"和"明了"而显得不适应；在个体意识强烈的西方社会里，"把单个人'组织'成群体的，首先是'契约'（它产生于古希腊商业社会），然后是作为'全民契约'的'法律'（以罗马法为其古典完善形式）"（易中天，1996：31）。而使用"契约"和"法律"是离不开书面语的。所以，书面语成了维持社会秩序的手段，提供了一个聚合的强有力机制："通过这一机制，任何一个有文字传统的社会就能控制其成员的行为"（Harris，1993：201）。

第三节　签字与公章

那么，在中国社会里，人们是如何与"外群体"的人，即"外人"打交道的呢？由于"外人"的社会形象不是我们定义的，所以他们的行为不受我们的控制。我们说什么、议论什么他们都可以置之不理。在这种情况下，我们只有求助于书面语来做保障了。然而，在与"外人"的关系中，是否一切书面的东西都可以"落笔为据"呢？事实上，书面的文件，在中国或是西方，必须要证明其真实性和有效性才能作为凭证。如何证明？这就必须通过签字或公章来加以确认。正如语言学家弗拉昂凯勒所言："签字可以彻底改变一份文件的性质。没有签字的文件缺乏真实性，永远是一纸空文。签字的这一威力来源于签字的主要功能，那就是它可以作为认证的符号"（Fraenkel，1992：18）。虽然代表个体的签字和代表集体的公章在中国和西方都可以使书面文件生效，但是，在不同的文化里，签字和公章的价值和功能是有差异的。在中国，公章要比签字更重要，因为在公章的背后有一个群体的保障；但在西方，个人签字更被看重，因为它代表着明确的个人责任。在中国，经常可以只盖公章不签字；在西方很多国家则可以只签字而不盖公章。反之则不行。然而，必须指出的是，公章和签字的使用很大程度上取决于具体的场合、文件的性质以及人际间相互的信任程度。例如，在中国，如果是写个便条，那么一般签个字也就可以了；在法国，如果是官方的、很正规的文件（如文凭或合同），那么，除了个人签字外，一般还要加盖公章甚至骑缝章。所以，文化差别并不在于签字与公章之间的对立，而在于两者使用场合的不同以及人们对其价值认可程度的不同。在我们的调查中，一位企业的副总经理说道："我们接受外国客户的签字，甚至可以先发货再收钱，不向他们索要除了官方单据之外的任何证据，就算是第一次跟他做生意也没有什么怀疑，特别是德国客户。但对中国厂家就不同了。我们不承认其签字，一定要有公司的盖章，就算是合作关系或信誉很好的公司也要盖章。盖了章就不会出现不认账的事情。但如果只有业务员签字，他们的公司是不承认的"（女，24 岁，副总经理）。这位经理的话大致反映了一个中国企业对同样属于"外群体"的西方客户和中方客户的不同看法和态度，以及中国人对签字和公章在不同文化中的功能的认识。可见，在与属于"外群体"的人，即"外人"的交往中，由于不能控制其行为，所以我们不仅要依靠书面语作凭证，而且要求助于对方所属的群体，以便得到对方群体的保障。公章就是一种群体公信力的象征。这种群体的保障同样体现在签字的形态中。"从符号学的角度看，一个签字有两个最基本的特征，一是自我中心特征；二是身份鉴别特征"（Harris，1993：205）。但不同的文化对这两个特征的侧重会有所不同。一个西方式的签字把重点放在签字的"自我中心特征"上，每个人努力使自己的签字独一无二。所以，西方人的签字首先是一个个体的象征符号，不必让人看清写的是什么。中国式的签字则突出强调其"身份鉴别特征"。签字首先是一个群体成员的标志，它必须是可读的，别人认可的，而不能像西方人那样想怎么画就怎么画。关于签字形态的中西方差异下文还会详细讨论。

现在让我们再回到"口说无凭，落笔为据"的成语上。上述分析表明，在中国文化里，同一"内群体"的人即"自己人"之间的互动是建立在相互信任的基础之上的。在这种情况下，"口说"不仅并非"无凭"，而且还是人际关系调节的重要手段。但是，碰到"外群体"的人即"外人"时，不单"口说无凭"，就连"落笔"，如果没有背后群体的支持（加盖公章）的话，也不一定能"为据"。换句话说，在"内群体"关系中，"口说"尽管没有留下痕迹，但足以可信；在"外群体"关系中，"落笔"虽然有迹可查，但本身仍不足"为据"。

第四节 小结

法国著名社会语言学家卡尔维指出："每个交际问题，在一个人类社会里，总会找到这样或那样的解决办法"（Calvet，1984：8）。从上述分析中我们可以得出如下两个初步的结论：首先，口语和书面语在一切有文字的社会中都是不可缺少的交际手段，两者以不同的方式解决人类社会中出现的这样或那样的交际问题。文化间的差异，就在于一个文化倾向于使用某种方式（如口语）来解决某些问题，而另一个文化在解决同类问题时，可能倾向于使用另一种方式（如书面语）。第二，口语和书面语只是交际手段。文化间的差异，并不在于两者的对立，而在于支撑两者的根本价值观念的不同（如中国的群体观念和西方的个体意识），两者使用的具体情景的不同以及人们对两者的认识与态度的差异。

第十二章
交际方式与文化选择[1]

调查中我们发现，中国人和法国人尽管都使用书面语和口语进行交际，但对这两种交际方式赋予的文化含义不尽相同。由于双方并不十分清楚地意识到这一方面的文化差异，因而常常互相埋怨。为了方便问题的提出，让我们先听听一位中方经理的一段话：

> 这里的法国人有一个习惯：大事小事都爱写，而且写得很长，一点都不简练。而中国人，特别是搞工程的，又最不爱看。（男，38岁，总经理）。

的确，如果一方爱写，而另一方又不爱看，那不仅仅是一种人力资源的浪费，而且会导致矛盾与冲突。事实也正是如此：法国专家常因中方经理不理睬他们写的报告或建议而感到失望与愤懑，因为他们认为这是对别人劳动的不尊重。中方经理则觉得法国人烦，今天一沓明天一本的，而且是用英语写的，又长又难懂。然而，问题的真正结症，是否真的在于法国人爱写而中国人不爱读呢？国外有学者区分"书面语文化"和"口语文化"（Bazin & Bensa，转引自 Goody，1979：24）。我们能否依此推断，法国人属于"书面语文化"，中国人属于"口语文化"呢？笔者认为事情并非那么简单。事实上，中国人也很重视书面语，而法国人的"能言善辩"也是出了名的。书面语和口语在有文字的社会里，都可以是行之有效的交际手段。这里的问题并不在于书面语与口语之间的对

---

1 本章主要内容来自郑立华，"书面语和口头语在企业中的使用及其文化差异"，《法国研究》，2002年第1期。

立，而在于在不同的文化中，两者的使用场合不同，分工不同，使用规则不同，人们的社会期待也很不一样。简言之，法国人认为必须通过书面语来解决的问题，中国人可能认为用口语就可以了，甚至更好。反之亦然。本章将根据实地调查得来的材料，分析隐藏在书面语和口语背后的文化含义以及交际方式的文化差异在跨文化管理中产生的影响。

第一节 交际方式与交际效果

在调查中，一位中方总经理在谈到"碰头会"对解决问题的重要性时说："有事大家碰碰头，讨论一下，问题就清楚了"（男，38岁，总经理）。一位法国专家则说："我有时把意见写下来，有时口头说说。但如果要准确表达，我就写下来，这样会清楚些"（男，法国人，48岁，工程师）。

双方都提到"清楚"，但一个人讲的是用口语，另一个人讲的是用书面语。这就容易使人产生这样的猜想：是不是对于中国人来说，用口语会更清楚些，而对于法国人来说，则用书面语会更清楚些呢？其实，两种表达方式，在两种文化中都可以产生"更清楚些"的效果。问题的关键是：相对于谁"更清楚些"呢？两种交际方式对这个问题作出了不同的回答。

为了研究的深入，我们有必要回顾一下书面语和口语的一些内在特征。首先，从语言的产出环境来看，口语的产出离不开特定的社会情境，也就是说，它必须有两个以上的人参与；书面语则不同，写的人可以一人独处。两者的产出方式也大相径庭：口语可以说是说话人和听话人两个人互动的结果，因为说话人必须根据听话人的反应来说话，而听话人则有意无意地在影响和调节说话人的行为；书面语则完全是一个人的所为，因为它是作者个人思维的结果。其次，从语言的接收来看，一般来说，口语的接收要受到一定社交情景和一定时空的限制；书面语则不受这些限制，因为写下来的东西随时随地都可以看，换个地方或隔多长时间都不会有问题。从这些内在特征中我们可以看出，口语与书面语对情景的依赖程度迥然不同。书面语的作者可以面对纸或电脑从容不迫地梳理自己的思路，遣词造句，反复修改，直到他认为写出来的东西清楚为止。这里的"清楚"，首先是相对于作者而言的。但作者认为"清楚"的东西，对于读者来说不一定就"清楚"。这里有三个原因：首先，书面语的读者并没有参与作者思路的梳理过程；第二，书面语不能即时帮助读者解决疑难。正如古希腊哲学家柏拉图所说的："文本不能自己回答我们向它提出的问题。人与人之间的交谈，情况就决然不同了"（转引自Goody，1986：134）；第三，书面语可以脱离情景存在。英国人类学家古迪指出："书面语往往会比较难懂，因为它没有情景，形式简略，又常常与现实脱钩"（Goody，1986：134）。口语是说话人和听话人两个人之间的互动，中间有问有答，你一句我一句，所以，当人们认为两人的交谈"清楚"时，这一"清楚"是相对于两个人而言的。由此我们似乎可以这样说，书面语由于它的非情景性使其成为一种偏向于自我中心的个人式的交际方式，而口语则由于其情景性可被视为一种偏向于他人中心的集体式的交际方式。

第二节 交际方式与思维方式

国内外对中西思维方式的差异有很多的研究和讨论。有一点差异是被学者们较为普遍认同的，那就是中国人偏好形象思维，而西方人则偏好逻辑思维（或抽象思维）。根据《辞海》的定义："形象思维遵循认识的一般规律，即通过实践由感性阶段发展到理性阶段，达到对事物本质的认识。但形象思维又有其特殊规律：它一般地不脱离具体的形象"（《辞海》：第814页）。"逻辑思维"指的是"人们在认识过程中借助于概念、判断、推理反映现实的过程。它同形象思维不同，用科学的抽象概念揭示事物的本质，表述认识现实的结果"（同上：第1058页）。形象思维的突出特点是重视直觉，倚赖情景。正如林语堂所说的："中国人之思考所以常常滞留在现实世界之周围，这样促进了对于事实之感悟而为经验与智慧之基础"（林语堂，1990：76）。倾向于形象思维的人在说理过程中，喜欢从特殊推到一般，用形象的比喻来说明道理，用具体的物象或事例来表达抽象的概念。这一点在中国古代已很明显："不论是游说者、政治家，还是老、庄、孔、墨那样的大学问家，在谈说、著书、讲学时，无不好使用譬喻：或用典故传说，或引俗谚寓言，或以小见大，或借简说繁"（转引自关世杰，1995：133-134）。逻辑思维的特点是注重分析，强调严谨和层次分明，说理过程从一般到特殊，从一些概念或公理出发，按照严格的逻辑程序，步步深入，从一个结论推出另一个结论，再推出另一个结论，完全漫游在抽象之中，脱离具体的情景。"西方科学的理想可以归结为演绎法：从已知条件入手，推出结论。这种模仿数学推理的思维方式使当代西方思想家们对理性推崇备至"（Liou，1961：12）。

比较一下两种思维方式和两种交际方式的特点，我们不难发现，非情景性和个人式的书面语是逻辑思维驰骋的天地，因为书写的人可以单独冷静地进行逻辑推理；情景性和集体式的口语则更加适应形象思维，因为两者的过程与特点非常接近。所以，从大的民族心理倾向来说，我们似乎可以说，中国人偏好口语，西方人则偏好书面语，因为相比较而言，中国人更倾向形象思维，而西方人则更倾向逻辑思维。在解决问题的时候，中国人更倾向于选择口语这一较富有人情味的交际方式，而西方人则更易选择便于逻辑推理的书面语交际方式。但是，必须指出的是，思维方式和交际方式的差异是相对的，是一个强弱程度的问题，而不是一个我有你无的问题。其次，思维方式与交际方式并不是一种对应的关系，即并非倾向于逻辑思维的人就一定偏好书面语，因为还有其他社会文化因素的制约。再者，即使在同一文化内部，人与人之间的思维特点也有差异。学文科的人与学理工科的人的思维方法就很不一样。英国作家斯诺（Snow，C. P.）就曾说过，在人文科学家和自然科学家之间进行讨论是困难的，这两类人之间的思维方式的差别甚至比生活在大洋两边的人的区别还要大（转引自关世杰，1995：119-120）。我们在调查中接触到的法国专家，大部分毕业于法国高等工程大学。这一类法国人，相对于一般的法国人，又更擅长逻辑思维和习惯于使用书面语，因为书面语被认为是严谨、科学的表达形式。学校也是训练他们事无巨细都要写下来。但是，作为工程师的中国人似乎不见得比一般的中国人更加喜欢使用书面语。上面引用的中方经理的话似乎表明：与法国的情形相反，在中国，搞工程的人比一般的人更不喜欢阅读书面的材料："而中国人，特别是搞工程的，又最不爱看。"笔者认为，这一现象与中国的传统职业分工可能有某种联系：一般来说，书写是文人的事，动手做则是工艺人的行当，故有"刀工笔吏"一说。可见法国专家与中国工程师之间的矛盾，不仅源于文化间思维习惯和交际方式倾向上的差异，而且可能是由于职业的不同分工产生的。

第三节　思维方式与管理方式

现代西方企业管理的重要特征之一是强调书面语的使用。这一方法被认为是工业现代化的产物。正如一位法国专家所言："书面语在法国越来越重要。这是质量保障方法演变的结果。一切都必须写下来"（男，法国人，48岁，工程师）。西方很多学者都把"使用书面语"视为现代企业管理的国际规范之一。我们认为，西方企业"使用书面语"的管理模式可以从两个方面来解释。首先是外因：工业的大规模发展对生产安全、产品质量、生产速度等提出了越来越高的要求，不借助书面语管理会寸步难行；第二是内因：工业化起源于西方，当代企业管理理论也出自西方，而西方人又倾向于逻辑思维，所以，选择符合他们的文化心理、接近他们的思维方式的书面语来作为管理手段是顺理成章的事，或者这本身就是一种无意识的选择。换句话说，"使用书面语"的现代企业管理模式部分地是建立在西方思维方式之上的。所以，正如美国跨文化管理学家莫郎（Moran，R. T.）和扎尔代尔（Xardel，D.）指出的："在研究一种非西方国家的企业管理模式时，如果拿它与西方世界的企业管理模式相比较而同时又把后者当作参照标准的话，那是非常危险的"（1994：54）。

现在让我们回过头来看看调查的情况。为了方便说明问题，举我国某一个核电站的例子，因为核电工业既是高科技的代表，又是高质量的典范。中方人员和法方人员的矛盾集中在两个问题上。第一个问题是：要不要写下来？那里的法国专家碰到的困难之一，是很难把法国企业管理中"使用书面语"的方法在中国实施："这一制度在中国很难执行"（男，法国人，48 岁，工程师）。在这个核电站，法国专家充当的是"技术顾问"的角色。令"顾问们"恼怒和失望的事情之一，就是他们提交的报告常常不被中方经理重视。中方经理解释道：法国专家写的意见常常不符合中国的情况，很难实施。这里面固然有沟通方面的原因，但文化方面的原因不容忽视。中方人员普遍反映：法国专家写得太多，且不看情况："他们提出的问题有时也的确存在，但是他们写的东西太长、太多，分不清轻重缓急，我们也无法用"（男，32 岁，部门经理）。有些中方经理则认为，提建议根本用不着写下来："当然，作为核电站，安全问题比较重要，我们什么事情都需要有文件，但是平常提一点意见什么的，老是写很长的东西，那就太繁琐了一点。你还不如当面提出来，双方讨论研究，找到解决的办法，这不是更直接有效吗？法国人老是写，我觉得这是浪费资源"（男，36 岁，总经理助理）。的确，不少中方经理认为口语比书面语来得快捷有效："我认为有一些意见还不如口头上去提的好。这就是为什么一次好的会议比文来文往的办事方式好。因为写的东西你要花时间去看，还要去理解，所以中国方面的领导很烦这一点"（男，42 岁，处长）。第二个问题是：写什么？事实上，中方人员也深知书面文件在企业中，特别是在核电工业中的重要性。但是，在什么东西必须写下来的问题上，他们与法方人员看法不尽相同。书面文件是企业行为的记录，它们可以成为证据或参照物。法国的标准是一切都要写下来，正如一位法国专家所说："我觉得目前的核电站已经接近法国的标准，也就是说，一切都写下来，都有记载，都有人签字"（男，法国人，46岁，工程师）。中方人员则认为必须有所选择："我所说的文件是那些重要的文件，而不是那些可写可不写的文件。凡是跟质量有关的、结论性的东西，应写下来，存入档案。有些过程性的东西，比如法国人有什么文件递过来，我有什么不满意的，得一点一点地写下来，再递给他；如果他还有什么意见，又写下来，再递上来，如此种种，你说烦不烦？"（36岁，总经理助理）。值得一提的是，随着我国核电站建设的国产化，中方在建设和管理上慢慢占据了主导地位。中方同时也对原来从法国人那里学来的管理模式进行改良使之适应中国的国情。改良的内容之一就是对书面文件的处理：他们一方面强调书面语在质量保障和企业运作记录中的重要作用，一方面省去属于中间环节的书面文件。正如一位中方经理所说的："根据合同的规定，平常的程序性东西也必须是文来文往。现在呢，我们开始强调要多沟通。文件只作为一种记录，一种可靠的证据，而日常工作过程呢，就不必写下来啦。这样既可以加强沟通，又可以加快办事的效率"（男，32岁，部门经理）。所以，最好的办法是："你有什么意见，当面过来谈。谈完了，形成了结论性的东西，这时可以记下来"（男，36岁，总经理助理）。

综上可见，中法双方在书面语使用上的差异并不在于用与不用的问题，因为中方在质量问题上也强调用书面语，而在于使用的频率与场合不同。这里突出的表现是对待日常过程性的东西。法国人偏向于使用书面语，把问题一一写下来，一步一步地进行分析推理，提出解决的办法。这是一种个人式的行为；中国人则偏向于使用口语，即大家见面，通过讨论把问题理清楚，集中各方面意见，一起找出解决问题的办法。这是一种集体式的行为。可见，交际方式的选择、思维定势与行动模式之间有密切的联系。不同文化的人在思维或行动中对书面语的依赖程度也很不相同。下例也许可以揭示这一点：

> 笔者曾经与广州法国工商会联合举办国际研讨会。在会议召开前四个月，法方就要求我们提供一个具体的会议议程。笔者开始拒绝了，因为我们一般要等到参会人员和提交论文的情况基本清楚之后才考虑具体的会议议程。法国人则认为必须先构思一个会议议程，然后再根据这一议程安排人员与活动。后

来，为了吸引更多法国企业参与和支持会议，笔者只好与工商会负责人一道，想象了一个会议议程，并把它寄给法国企业。结果，很多法国企业积极响应，有的还给予赞助。但是，会议最后真正执行的议程是笔者后来重写的，与先前想象的会议议程相去甚远。

这一例子所揭示的文化差异在于，法国人偏向于先通过写来理清思路，然后再根据自己的所写（如计划）去构架社会现实，而中国人则倾向于先了解社会现实，然后再根据实际情况的把握形成自己的计划以进一步指导后续工作。

第四节 小结

上述论述表明，无论是口语，还是书面语，这两种形式不同的交际手段产生的原动力都来自解决社会生活中这样或那样的问题的需要。但不同的文化，在长期的社会实践中，对这些交际手段形成了不同的观念，赋予了不同的社会意义和不同的使用规范。中国人和西方人在口语和书面语的使用上存在很多的差异。对同一个问题，西方人可能选择书面语，通过分析推理提出解决的办法；中国人则可能使用口语，通过见面讨论找到克服困难的途径。这些差异与民族思维方式、文化传统及社会环境皆息息相关。但是我们要注意的是，体现在交际方式上的差异是一个程度的问题而不是非此则彼的问题。

第十三章
签字的中西方差异[1]

"签字"在汉语词典里表示"在文件、单据等上面亲笔写下自己的姓名以示负责"(《现代汉语规范词典》：第 1036 页)。从这个定义里，我们可以分解出"签字"的四大要素：首先，签字是有意义的。签字写下的是"自己的姓名"。而作为一个专有名词，姓名有语言学上的意义。它的所指就是叫这个名字的那个人。第二，签字是一个书写动作。签字要求"亲笔写下"自己的姓名。这就意味着，签字时，签字者必须在场。第三，签字不能独立存在。签字是签在"文件、单据等上面"的，它与所签文件共存，但在书写的地方和书写的形式上都有别于所签文件。第四，签字具有特殊的社会功能和语用功能。签字不是简单地写下自己的名字，而是为了证实文件的真实性或准确性，"以示负责"，并承担与文件有关的责任或义务。所以，签字既是一个身份的符号，又是一个认证的符号。在一本权威的法文词典中，我们看到了这样对"签字"的定义："一个人用独特和恒定的方式亲笔写下自己的名字，用于证明一个文件、作品等的真实性，以示负责"(Dictionnaire Hachette，1998，第 1741 页)。这一定义与中文定义有一点不同：它强调了签字的"独特性"和"恒定性"。

第一节 签字语言的选择

我们的调查表明，中国员工在企业中签字时用何种语言，受到两方面因素的制约。一是场合；二是签字所面对的人。一般来说，在中国企

---

1 本章主要内容来自郑立华，"签字的中西方差异"，《广东外语外贸大学学报》，2008 年第 4 期。

业内部，签字时都使用中文："我们国企都是认中文的"（男，20 岁，ISO 认证职员）；"我们遥感院签字都是用中文签的"（男，40 岁，ISO 认证主管）。在涉外企业（外商独资、中外合资等企业）工作的人一般都使用外语签字，即使在处理中文文件也是一样。因为大家都认可彼此的外语名字，能把外语名字同某一个人对上号："在公司，我一般是签我的法文名 Colette。中文的文件我也是这样签，因为所有人都知道我是这样签的"（女，40 岁，项目经理）。这位项目经理在签字时使用自己的法文名字，是因为她所在的公司是法资企业。可见企业的语言环境直接影响了签字语言的选择。有一位被访者提到，平时她都使用中文签字，但有时在一些比较轻松的场合，她也会用英文："在国内，跟国内的企业打交道，还有在我现在服务的单位，基本上都是用中文名。但是有时候在一些比较轻松的场合里，我也会直接用英文写"（女，50 岁，工程师兼内审员）。这个例子进一步说明，签字语言的选择受到场合的制约，因为在正规的场合或在中国企业内部，她必须使用中文签字。

制约签字语言选择的第二个因素是签字的对象，即签字的读者。一些中国企业需要与外国企业打交道。在这种情况下，处理的办法是：涉及企业内部的文件用中文签字，涉外文件用外文签。在国内，一些需要与国外打交道的企业签授权书时两种语言都用："如果文件是厂内运作的，就用中文，因为很多员工不认识英文；对香港特别行政区的客户，就用英文签。但是签授权书时，同时要签中文和英文，这样才能被认可"（男，33 岁，经理）；"如果与外商签合同，我会在中文合同签中文名，在外文合同签拼音"（男，33 岁，经理）。同样的道理，在外企工作的中国人，对内用外文名签字，但如果面对的是中国客户，就必须用中文签："一般来说，我在公司内部签法文，在工厂签中文，我下去拿货时，需要给工厂订单，需要给他们很多很多的资料，都需要有这样的中文签字。因为工厂很少接触到外文"（男，25 岁，职员）。

针对"为什么对中国人必须用中文签字？"这个问题，被访者是这样解释的：首先，有一个被认可的问题。如果对中国人使用外文签字，对方可能不认可："虽然我觉得签英文名或法文名相对比较简单一些，而且比较快。但是在工厂就不是很实用，因为他们会怀疑这是不是你的名字啊"（女，40 岁，项目经理）。其次，与中国企业打交道用中文签字是表示对对方的尊重："我去客户那里跟他谈，谈了以后做的那个会议记录双方会后要签字，这个时候，为了尊重对方，我是会签中文的"（女，40 岁，项目经理）。

　　签字的语言选择问题向我们表明，签字是一个情景性很强的交际活动。介入这个情景的，首先有场合的因素：中国人在中国企业里必须用中文签字，在外资企业里可以用外文签字。如果在一个中文环境中，有人用外文来签字，大家就会感到莫名其妙。其次有交际对象的因素：对外国人或者习惯使用外文的中国人（如香港人）可以用外文签字，对中国人特别是不懂外语的中国人必须用中文签字。这些情景因素一旦融进了签字行为中，便形成了一种社会规范，制约着签字的行为。如果违背了这些规范，就会产生"不被认可"的危险，或者"不尊重人"的嫌疑。

　　从中国人对签字语言的选择中我们发现了一个有趣的现象。试以一位名叫"李雅"的被访者为例。她是一家法资企业的项目经理。就像很多在外企工作的中国员工一样，她有一个法文名字，叫"Colette"。所以，在签字时，她可以有三种选择：直接写"李雅"、写汉语拼音"Li Ya"或写法文名"Colette"。如果从书写的外形来看，这三个签字是完全不同的符号，但在使用中，她都视为自己的签字，只是在不同的场合和对不同的人使用不同的签字而已，只要"所有人都知道我是这样签的"就行了。这一现象很接近口语交际中的双语现象，故我们可称之为"书面语交际中的双语现象"。书面语中的双语现象是与口语中的双语现象比较而言的。口语中的双语现象指的是人们具备同时使用两种或两种以上的语言进行交际的能力，如一个人能讲汉语、英语和法语。书面语中的双语现象则指书写人有能力使用两种或两种以上书写形式。如上面提到的三种签字形式："李雅"、"Li Ya"、"Colette"。这三种签字代表的是同一个人。也就是说，这个人签字时有三种选择。我们的问题是，在多种签字形式共存的情况下，什么因素促使签字人选择某种形式而不选择另一种形式？事实上，书面语中的双语现象不是随处可见的，它必须具备外部的和内部的条件。其外部条件是，出现了两种书面语的接触，就像口语中的双语现象离不开两种语言的接触一样。例如，在一式两份的中文合同上签字，签字者一般只使用中文签字如"李雅"，而很少会想到使用汉语拼音"Li Ya"或外国名字"Colette"。只有出现了合同有中文版本和外文版本的时候，或者面对的文件是外文文件的时候，签字者才会在"李雅"、"Li Ya"、"Colette"中进行选择。其内部条件是，签字者具有签三个名字的可能性，就像双语者有讲多种语言的能力一样。例如，外国人在签合同时，必须同时签外文版和中文版。他在中文版上的签字只能用外文，因为一般来说，他没有签中文的可能性。但中国人就有选择的可能，因为汉语本身提供了两种书写的形式，一是文字形式；二是记录发音的拼音形式。在中国大陆，拼音形式使用的是国际音标，从形式上更加接近西方语言。所以，从理论上讲，面对一个中文文本和一个外文文本，中国人都有两种签字形式可供选择，或中文名或汉语拼音。在外资企业工作的白领阶层往往还多了一种使用外文名的可能性。但是，一般情况下，就像我们的调查所显示的，面对中文文本，中国人只用中文签字；面对外文文本，中国人可能签中文名、汉语拼音或外文名，但倾向于选汉语拼音或外文名。我们认为，对中国人来说，表面上直接影响签字语言选择的是文本使用的语言（如在中文文件上用中文签字，在外文文件上用拼音），但实际上起决定作用的是文本背后的人（如对中国人要用中文，对外国人要用拼音或外文）。不然的话，就不会产生诸如"认可"、"怀疑"、"尊重"、"炫耀"等与人际关系相关的问题。

上面分析表明，中国人选择签字语言时，必须考虑到交际场合和交际对象。换言之，对中国人来说，签字不是一个单纯的个人身份的符号，而是一个需要社会或他人认可的个人身份的符号。如果签字仅仅是代表个人身份的符号的话，那么，签字者应该是自由的。只要他愿意，他可以签中文，也可以签外文，只要他认定这个签字代表了自己的身份就可以了。然而情况并非如此。中国人的签字首先必须得到族群的认可：如果大家都是签中文的，你就不能签外文或使用别的符号；其次必须得到对方的认可：如果对方不认可或不接受你的签字，那么，你的签字作为一个身份符号也就失去了它应有的价值。

第二节 签字的一致性

签字可选择不同的语言实际上已经证明了中国式签字具有不一致性。这里我们要进一步考察的是用同一种语言签字时的一致性问题。我们知道，即使同一个人签字而且签的是同一个名字，也可能因为字体的不同或潦草程度的差异而出现外形迥异的多种签字形式。在我们的调查中，虽然很多被访者认为签字的一致性很重要，因为签字并不是写几个字那么简单，它代表的是签字者："签字并不是简单地写几个字，它实际上代表了我。如果是真的对别人或者是对自己有效用的那些签字，我觉得我是不会变的"（男，25岁，职员）。但是，这种一致性被认为不是绝对的。例如，随着时间的迁移，签字可能发生变化："但有个演变过程，随着时间的推移可能越来越潦草了或者越来越好看了"（男，53岁，厂长）。或者一次签的文件太多，无法保持一致："要是有几百张图纸要签，刚开始还挺正规，签到后面就会有些变形了"（男，23 岁，职员）。或者对象不同，签字可能不一样："对下属提交的东西，我可能随便签一下。但如果是给老总的东西，我就要签正规一点了"（男，52 岁，经理）。

从上面的描述我们可发现，被访者实际上不是在谈论签字的一致性，而是在谈论签字的不同形态。也就是说，他们默认了签字不一致性的合理性。他们用"潦草"、"好看"、"正规"、"变形"、"随便"等带有社会评价的词来描述签字的不同形态，并认为签字的形态会随着时间的迁移而变化、会随着具体的工作任务或具体的交际对象而变化。而且，签字正规可以表达一种认真的态度或一种对对方的尊重。可见，在中国人那里，签字重要的不在于它的一致性，而在于它的社会性。如果强调一致性的话，那么，只要是签字者的一种选择，就无所谓"正规"与"潦草"之分，因为正规的签字可以保持一致性，潦草的签字也可以达到一致性的目的。但如果强调签字的社会性的话，那么，签字的"正规"与"潦草"的确能直接反映签字者对别人的态度。可见，书写的形态本身隐含着一定的社会意义。

在西方，签字形式的一致性被认为是签字的基本原则。这种一致性直接代表作为责任人的签字者的一致性。签字与印章有很大的不同。印章可以毫不费力地保持形式的一致性。两个印章可以重叠。签字虽不要求前后两个签字可以重叠，但也要求签字外形保持相对的一致性。要做到这一点，签字者必须眼手有效配合。通过一致性，签字者向人们表明，他控制着自己的身体与意志，具有承担责任的能力。最典型的情况就是在银行的签字。银行检验的不是签字能不能辨认，也不是书写是否端正，而是签字是不是与签字者事先在银行留底的签字样本保持一致。其次，签字的一致性同时表达了签字者对承诺的一致性。签字作为一种书面的承诺，在本质上既是一种责任，又是对未来行为的一种计划。时间的流逝会挑战承诺的有效性和坚定性。因此，签字者的行为便是在向人们保证，无论世界发生什么变化，无论自己的生活如何演变，他对自己所担当的责任的承诺不会改变。而且，签字写的是自己的名字，这就意味着他是拿着自己的人格来做担保的。签字者以同样的方式写自己的名字，即保持签字的一致性，等于向人们宣誓，他忠诚于自己的名字，也对以自己的名字所做出的承诺负责。

第三节 签字的可辨性

签字的可辨性在中国人那里被认为是很重要的。其重要性表现在两个方面。首先，签字让别人认得出来是一种负责任的态度："我的签字一般别人都认识。应该让别人认识，签字实际上是个神圣的事情，应该负责任，起码让人家认识"（男，53岁，生产主管）。其次，只有让别人看清楚自己的签字，别人才会执行这份文件上的内容。否则，签字就会失去效力："如果对外签的名别人不认识，人家有时不给你办事，人家可以说不认识这个人"（男，53岁，生产主管）。所以，签字即使写得潦草，也要能够辨认："如耳东'陈'，写得龙飞凤舞，好不好看见仁见智。但应该是可以辨别的"（男，33岁，经理）。

被访者也注意到了中外文签字的差异："但是英文名字，一定不能给人认出来，就算认出，也要很难模仿才行"（男，33岁，经理）。

可见，中文签字的可辨性被认为是签字的起码要求。签字可以"写得龙飞凤舞"，但必须让人认得出来。如果说，"潦草"表达的是一种态度的话，那么"让别人认识签字"则是一个属于道德范畴的"负责任"的问题。而且，别人不认识的签字会因为不被认可而失去功效。《党史信息报》曾经刊载过这样的一则消息：新中国成立后，由于签发文件、签批的材料太多，周总理就按行书的写法，把"周恩来"的"周"字写成三角形，以节约时间。后一名老党员给他来信，直言批评他说：周总理，你签发的党中央、国务院的文件是让人家执行的，你签批的材料是让我们下级办理的，可是我们收到你的有关批发件却连你的名字都不认得，那还叫我们怎么执行和办理呢？周总理看到这封由国务院信访办转来的"人民来信"后，从中悟到：当时革命刚胜利，我们党和政府的各级领导干部，由于文化程度都还不高，字写得潦草，其他人就无法辨认，这就会对工作造成不应有的影响。于是周总理心悦诚服地接受了这位老党员的意见，在以后的各类文件、材料上的签字都尽量写得公公正正，以便于辨认处理（金尧，1999：15）。这个故事告诉我们，无论是总理还是普通百姓，都认为签字必须是能够被人辨认的。读者无法辨认的签字是不规范的。

被访者提到了中文签字与外文签字的差别：前者"应该是可以辨别的"，而后者"一定不能给人认出来"。我们也发现，外国人的签字经常是不可辨认的，其中的原因值得我们思考。从符号学的角度出发，签字不像一般的书写，而是一个身份的符号。它具有两个基本的特征：一是"自向性"，即指向签字者自己；二是"他向性"，即指向别人，让别人知道签字者是谁（Harris，1993：205）。在所有的文化中，签字都具备这两个特征，但这两个特征在不同文化中的重要性可能不一样。中国人更加强调签字的"他向性"，认为无论如何，签字必须能让人认出来，而西方人更加强调签字的"自向性"，所以他们会千方百计设计一个属于自己的独一无二的符号。在他们那里，签字的个性与独特性超过了签字的可辨性，甚至被认为是一种自由的象征。"在西方文明的历史中，作为符号的签字的演变与个人政治与经济权利的发展很明显地相互交错在一起"（Harris，1993：207）。那么，如何满足签字的"他向性"呢？我们发现，在西方人的文件中，往往有一个打印的或手写清楚的名字，上面再加上一个不可辨认的签字。他们通过这一办法来满足签字的基本要求。

第四节　小结

上面我们讨论了签字的语言选择、签字的一致性和签字的可辨性等问题。这些问题都涉及到签字的阅读问题。事实上，签字归根结底是一个书写的符号。作为书写的符号，签字也是写来给人看的。这是书写的社会特征。现在的问题是，在不同的文化里，签字的社会性表现可能会有差异：首先，中国人凸显签字的可辨性，认为签字必须得到社会的认可；西方人则强调签字的一致性，承诺签字者向社会保证他的行为的一贯性。其次，在中国，签字可以用不同的语言，可以写得工整或潦草，只要别人能够读出来就可以了；在西方，一个人可以工工整整地写出自己的名字，让别人可以很容易地辨认，但如果这个签字与他习惯的签字不一致，那么字写得再工整，签字也是无效的。

签字既是一种显示身份的语言符号又是一种认证的言语行为。作为身份符号，它反射出签字者的特征，使人们通过签字可以认出签字者。然而，不同的文化对签字反映的特征看法不一。在西方，签字更多的是反映签名者的个体特征，如身体在现场、精神正常、意志能够自由表达，身份得以保持等；在中国，签字反映的更多的是签字者的社会特征，如社会地位、与别人的关系等。作为认证的言语行为，签字的有效性有赖于社会的认可，而不同文化认可的标准是不一样的。在西方，人们强调签字形式的一致性，突出的是签字者的独立人格；在中国，人们强调的是签字的可辨性，重视的是社会对签字者的认同。

结束语

多年来，我们理论联系实际，深入企业进行调查研究，努力使学术研究走出校园，服务社会。本书用社会语言学的理论与方法来分析书面语在企业中的使用，并着力探讨 ISO 9000 质量体系在中国实施过程中出现的问题。

我们阐释了工作环境中的语言相对于日常生活中的语言的特殊性，指出了对前者进行研究的必要性及其基本途径；对已经被语言学界普遍接受的关于书面语的一些观点提出质疑；讨论了书面语的物质性与可视性特征及其特殊的媒介功能；解析了书面语之所以能成为 ISO 9000 质量体系乃至整个现代管理体系载体的内在原因。

为了能更好地参与国际竞争，得到国际社会的认可，中国企业正努力熟悉和接受国际规范。但是，从本质上看，很多"国际规范"基本上是美国和欧洲等西方发达国家依据西方人的思维方式与西方企业的管理模式而形成的文化产物。ISO 9000 质量体系就是一个突出的例子。所以，中国企业面临的不仅是传统与现代管理模式的冲突，而且是中西方文化的冲突。

近十几年来，技术革命、信息革命以及经济的全球化带来了生产领域的革命。企业劳动的性质、内容与形式发生了巨大变化。新的管理模式、新的产品评估模式以及新的企业关系深刻地改变了语言在企业中的性质，大大地增强了语言在企业中的地位与作用。ISO 9000 质量体系就是一个突出的例子。该体系将书面语在企业管理中的作用发挥到了极点。该体系的口号是："写你所做的，做你所写的，提出证据"。所以，该体系实际上是一种建立在集体书写基础上的管理模式，由书面语统领企业管理，使之形式化、规范化和理性化：企业里的工作是由书面语来描述的，质量是通过书写的行为来控制的，内部或外部的评估也是根据书面文件来进行的。

书面语之所以能够成为质量体系的载体，是由它本身具有物质性这个基本特征所决定的。而由物质性又可进一步引申出可视性、稳定性和痕迹性等其他特点。这些特征使书面语不仅改变了社会生活中人与人之间交往的模式，变换了知识储存、分析和创造的形式，同时也革新了人们认识世界的方式。我们从能动的角度出发，分析了书面语的使用给企业传统的运作模式带来的冲击、对企业日常运作带来的变化以及对企业人际关系的影响。研究表明，ISO 9000 质量体系的书写原则给企业带来的变化是巨大的，而且是全方位的。为了"写你所做的"，人们必须理清思路，对所做进行筛选，把隐性的行为变为显性的规则，所以写的过程也是改造行为的过程；"做你所写的"则使自己所写变成自己必须遵守的规范，而且使员工面对的不再是个人意志，而是客观的书面规章；"提出证据"更是进一步强化了员工的责任意识，使企业的管理由别人的监督逐渐变为自我监督，由外力的推动变为自觉的行动。所以，在 ISO 9000 质量体系程序化的外表下事实上蕴涵着丰富的现代管理理念。实施 ISO 9000 质量体系实际上等于无形中接受了现代管理的新思想、新观念。

然而，我们也不能过度地夸大书面语的作用。书面语虽然具有改变人的思维方式并改变企业运作模式的能力，但真正起作用的，并不是书面语本身，而是书面语背后的人。

我们的调查表明，中国企业在实施 ISO 9000 质量体系时碰到了很多困难。"写"与"做"之间存在着比较大的距离。这些困难，有些属于 ISO 9000 自身的问题，有些来自文化上的原因，有些则与中国的社会经济环境有关。

首先，ISO 9000 质量体系本身存在三个方面的问题。第一，ISO 9000 过高地估计了书面语的力量，把语言当作了现实，把语言的功能神化了。语言是一种工具。在工具的背后是使用工具的人。有人的地方必有权力的博弈与较量。所以，能使企业发生变化的，并非书面语本身，而是使用书面语的人。第二，ISO 9000 质量体系具有形式主义倾向。企业追求"写"与"做"之间的吻合；一次又一次的内审都在检查书面文件与实际工作之间的对应；认证机构检查的重点也是企业的"所做"与原先的"所写"是否一致。这一切很容易造成一种从文件到文件的形式化倾向：人们趋向于从监管的角度来描述工作或从检查的需要来做质量记录，而忽视工作背后的隐蔽部分，如对一个问题是如何思考的、对一个例外情况是如何分析的、对一个决策是如何权衡利弊的，等等。简而言之，ISO 9000 质量体系"强化了工作的技术一面而忽视了工作的社会层面"（Mispelblom Beyer，2003：176-177），因为社会层面的活动是较难用标准来规范或衡量的。这种形式化倾向也容易在企业内部形成一个 ISO 9000 官僚体系。这个官僚体系把大量的时间花在制订各类质量文件，撰写质量报告，应付各种检查上。繁重的文件工作降低了企业领导层对外在环境的注意力，如市场形势的变化、科技的发展、顾客消费趋势的演变等。第三，ISO 9000 将质量的责任交给所谓的品管专家。这些品管专家虽然能舞文弄墨，但他们未必懂得企业的发展策略及工人每天的运作。由他们制定出来的体系常常与企业的实际情况相脱节。这种脱离客观实际的体系不仅失去应有的效用，而且会带来时间与资源的浪费、体力的消耗和精神上的痛苦。

其次，从文化的角度看，ISO 9000 质量体系是西方的产物，浸润着西方文化的精神。科学精神、怀疑精神和法制精神等深层的西方文化价值观构成了 ISO 9000 质量体系的思想基础。文化差异首先体现在书面语的观念上。ISO 9000 质量体系以书面语为主要载体。但在不同的文化里，书面语隐含着不同的社会意义。书面语在中国企业里很难行得通，因为书面语更多的是与"权威"、"距离"与"不信任"联系在一起。在群体意识浓厚的中国社会里，同事之间的人际关系建立在"情"的基础之上，富有人情味的口语是与之相适应的交际模式。书面语由于其"理性化"而显得不适应；在个体意识强烈的西方社会里，人们强调法律。而法律的使用与书面语密切联系在一起。所以，中国人与西方人对书面语的态度有所不同。文化差异还表现在思维方法上。西方人偏倚逻辑思维，由此发展出重分析、重定量、重计划的管理模式；中国人则直觉思维偏胜，由此发展出重整体、重定性、重情景的管理模式。思维方法以及管理方法的不同最终都会落实在书面语的使用上，使中国企业感到实施 ISO 9000 质量体系困难重重。

最后，从社会经济环境看，ISO 9000 质量体系不仅建立在一定的文化基础上，而且建立在一定的经济基础上。要实施这一体系，需要有专业化程度较强的企业结构、生产力比较发达的企业生产、素质较高的企业员工和普遍建立了质量观念的大的社会环境，而这些是目前大多数中国企业尚未具备的。

由此可见，ISO 9000 质量体系进入中国企业，既是中西文化之间的碰撞，也是现代管理思想与传统管理思想的较量。这一质量体系产生于西方文化之中，和西方的文化以及经济结构相联系，必然与中国的传统文化和中国企业的具体情况有格格不入之处。我们认为，文化与管理既相互制约又相互推进。一方面，文化决定管理模式，有什么样的管理价值观，就会有什么样的管理方法、手段与之相适应。但另一方面，管理模式的实施反过来可以改变人们的思想。作为一种认证体系，ISO 9000 质量体系具有一定的强制性与能动性。实施该体系，不仅会给企业带来变化，而且会给传统观念带来冲击。所以，只有真正体会 ISO 9000 质量管理的精神实质，使之与中国的优良文化传统和具体的企业实际相结合，推陈出新，避免囫囵吞枣，食而不化，才能使企业通过实施质量体系，真正朝现代化迈进。

　　本书的主题是企业中的书面语研究，所使用的语料来自实地调查研究，因而具有较强的实践性。理论研究与社会实践相结合是我们一直所尊崇的研究方法。这里并非单纯是理论指导实践的问题，还包含了理论与实践之间的互动，也就是说，实践能反作用于理论，引发对理论的反思、质疑乃至修正。故此，我们也希望通过对企业中的书面语的具体考察推动学界对书写语言学的理论探索。我们的研究初步表明，口语和书面语是人类语言的两种不同的表现形式，分属不同的符号系统。所以，我们对书面语的思考必须超越基于口语的传统语言学框架，更不能用研究口语的模式来研究书面语。此外，书面语作为媒介的特殊性在于它的可视性和物质性。书面语除了传递文本信息外，还承载着各种人文和社会意义。这些意义的形成，一方面与书面语的特性有关，另一方面与人们在社会实践中形成的关于书面语的观念相关。因此，我们对书写语言学的研究不能局限于语言学，而必须结合符号学、社会学、人类学、管理学、工效学等，开展跨学科与多学科交叉的研究，多角度、多层次、全方位地审视书写这一社会现象，以求更加接近事物的本质。

参考文献

Anglès, V. 2004. *ISO 9000 en Chine: une remise en question spécifique de sa légalité sociale, par les salariés chinois de la région de Guangzhou*, Mémoire de DEA, LEST, Laboratoire d'Economie et de Sociologie du Travail, Aix-en-Provence.

Bachmann, C. *et al.* 1981. *Langage et communications sociales*. Paris: Hatier.

Mispelblom Beyer, F. 1999. Au-delà de la qualité: démarches qualité, conditions de *travail et politiques du bonheur*, 2e édition augmentée. Paris: Syros.

Mispelblom Beyer, F. 2003. Normes sociales « de qualité » et qualités du Capital, in: Claude Durand & Alain Pichon, *La puissance des normes*. Paris: L'Harmattan.

Borzeix, A. 2001. Le travail et sa sociologie à l'épreuve du langage, in: Anni Borzeix & Béatrice Fraenkel, *Langage et travail: Communication, cognition, action*. Paris: CNRS Editions.

Borzeix, A. & Fraenkel, B. 2001. *Langage et travail: Communication, cognition, action*. Paris: CNRS Editions.

Borzeix, A. *et al.* 2001. Introduction, in: Anni Borzeix & Béatrice Fraenkel, *Langage et travail: Communication, cognition, action*. Paris: CNRS Editions.

Boutet, J. 1995. Le travail et son dire, in: Josiane Boutet, *Paroles au travail*. Paris: L'Harmattan.

Boutet, J. 1997. *Construire le sens*. Paris, Peter Lang.

Boutet, J. 2001. Les mots du travail, in: Anni Borzeix & Béatrice Fraenkel, *Langage et travail: Communication, cognition, action*. Paris: CNRS Editions.

Boutet, J., Gardin, B. & Lacoste, M. 1995. Discours en situation de travail, in: *Langages*, mars 1995.

Boutet, J. & Gardin, B. 2001. une linguistique du travail, in: Anni Borzeix & Béatrice Fraenkel. *Langage et travail: Communication, cognition, action*.

Paris: CNRS Editions.

Calvet, L-J. 1984. *La tradition orale*. Paris: Presses Universitaires de France.

Calvet, L-J. 1994. *Les voix de la ville*. Paris: Payot.

Calvet, L-J. 1996. *Histoire de l'écriture*. Paris: Hachette.

Cochoy, F., Garel, J. P. & Terssac, G. 1998. Comment l'écrit travaille l'organisation: Le cas des normes ISO 9000, in: *Revue française de sociologie* vol. XXXIX, n°4.

College, S. J. 1994. Préface, in: Jack Goody, *Entre l'écriture et l'oralité*. Paris: PUF.

Daniellou, F. & Garrigou, A. 1995. L'ergonome, l'activité, et la parole des travailleurs, in: Josiane Boutet. *Paroles au travail*. Paris: L'Harmattan.

Delcambre, P. 1997. *Ecriture et communications de travail*. Paris: Presses universitaires du Septentrion.

Dewerpe, A. 1992. Ecrire en usinant (XIXE-XXE siècles), in: Josiane Boutet, Béatrice Fraenkel & Pierre Délcambre. *Les écrits au travail*, Journée d'étude du 13 novembre 1992 du Groupe Langage & Travail.

Du Ymedjian, R. 1996. De la contingence des normes: les effets inattendus de l'ISO 9000 dans une « entreprise experte », in: *Revue d'économie industrielle* n°75, 1ᵉ trimestre.

Fishman, J. A. 1971. *Sociolinguistique*. Paris: Nathan.

Fraenkel, B. 1992. *La signature*. Paris: Editions Gaillimard.

Fraenkel, B. 1995. La traçabilité, une fonction caractéristique des écrits de travail, in: *Connexion* n° 65.

Fraenkel, B. 2001a. La résistible ascension de l'écrit au travail, in: Anni Borzeix & Béatrice Fraenkel. *Langage et travail: Communication, cognition, action*. Paris: CNRS Editions.

Fraenkel, B. 2001b. Enquêter sur les écrits dans l'organisation, in: Anni Borzeix & Béatrice Fraenkel. *Langage et travail: Communication, cognition, action*. Paris: CNRS Editions.

Fraenkel, B. 1992. *La signature*. Paris: Editions Gaillimard.

Garabuau-Moussaoui, I. & Desjeux, D. 2000. Introduction, in: Isabelle Garabuau-Moussaoui & Dominique Desjeux. *Objet banal, objet social: les objets quotidiens comme révélateurs des relations sociales*. Paris: L'Harmattan.

Gelb, I. J. [1952]1973. *Pour une théorie de l'écriture*. Paris: Flammarion.

Giles, H. & Saint-Jacques, B. 1979. *Language and ethnic relations*. Oxford: Pergamon Press.

Girin, J. & Grosjean, M. 1996. *La transgression des règles au travail*. Paris: l'Harmattan.

Girin, J. 2001. La théorie des organisations et la question du langage, in: Anni Borzeix & Béatrice Fraenkel. *Langage et travail: Communication, cognition, action*. Paris: CNRS Editions.

Goffman, E. 1981. Engagement, in: *La nouvelle communication*, sous la direction de Y. Winkin. Paris: Seuil.

Gomez, P.-Y. 1996. Normalisation et gestion de la firme: Une approche conventionnaliste, in: *Revue d'économie industrielle*.

Goody, J. 1979. *La raison graphique: La domestication de la pensée sauvage*. Paris: Minuit.

Goody, J. 1986. *La logique de l'écriture: Aux origines des sociétés humaines*. Paris: Armand Colin.

Goody, J. 1994. *Entre l'oralité et l'écriture*. Paris: PUF.

Grosjean, M. 2001. Verbal et non-verbal dans le langage au travail, in: Anni Borzeix & Béatrice Fraenkel. *Langage et travail: Communication, cognition, action*. Paris: CNRS Editions.

Harris, R. 1993. *La sémiologie de l'écriture*. Paris: CNRS.

Labov, W. [1972] 1976. *Sociolinguistique*. Paris: Minuit.

Lacoste, M. 1995. Parole, activité, situation, in: Josiane Boutet. *Paroles au travail*. Paris: L'Harmattan.

Lacoste, M. 2001a. Peut-on travailler sans communiquer? in: Anni Borzeix & Béatrice Fraenkel. *Langage et travail: Communication, cognition, action*. Paris: CNRS Editions.

Lacoste, M. 2001b. Quand communiquer c'est coordonner. Communication à l'hôpital et coordination des équipes. in: Anni Borzeix & Béatrice Fraenkel. *Langage et travail: Communication, cognition, action*. Paris: CNRS Editions.

Liou, K. H. 1961. *L'esprit synthétique de la Chine*. Paris: Presses Universitaires de France.

Moran, R. T. & Xardel, D. 1994. *Au-delà des cultures: Les enjeux du management international.* Paris: InterEditions.

Niu, Q. X. 2005. *L'écriture dans les entreprises chinoises passant la certification ISO 9000.* mémoire de DEA, Université des Etudes étrangères du Guangdong.

Pividal, R. 1976. *La maison de l'écriture.* Paris: Seuil.

Rot, G. 1998. Autocontrôle, traçabilité, responsabilité, in: *Sociologie du travail* n° 1. Paris: Dunod.

Samovar, L. A. & Porter, R. E. 1991. *Communication between cultures.* Wadsworth Pub Co.

Scotton, M. 1988. Codeswitching as indexical of social negotiations, p.151-186. in: M. Heller (ed.). *Codeswitching. Anthropological and sociolinguistic perspectives.* New York: Mouton de Gruyter.

Terssac, G. D. & Friedberg, E. 1996. *Coopération et conception.* Toulouse: Octares (Travail).

Terssac, G. D. 1997. *La mise en oeuvre des normes ISO: l'importance de la codification des pratiques.* Toulouse: Atelier normalisation- CERTOP/ UPRESA CNRS 5044.

Thuderoz, C., Mangematin, V. & Harrisson, D. 1999. *La confiance: Approches économiques et sociologiques.* Paris: Gaëtan Morin éditeur.

Véron, E. 1987. *La sémiosis sociale.* Saint-Denis, PUV.

Watzlawick, P. *et al.* 1972. *Une logique de la communication.* Paris: Seuil.

Winkin, Y. (ed.). 1981. *La nouvelle communication.* Paris: Seuil.

Zheng, L.-H. 1995. *Les Chinois de Paris et leurs jeux de face.* Paris: L'Harmattan.

陈建民，1991，说和写的距离，《语文建设》，第5期。

陈建平，2000，跨文化话语模式之标记性，载谢栋元、钱冠连主编《语言学论文集》第六辑。广州：华南理工大学出版社。

陈向明，2004，《旅居者和"外国人"》。北京：教育科学出版社。

戴昭铭，1996，《文化语言学导论》。北京：语文出版社。

德里达，[1967] 1999，《论文字学》，汪克家译。上海：上海译文出版社。

高年华、植符兰（编著），1982，《语言学概论》。南宁：广西人民出版社。

关世杰，1995，《跨文化交流学》。北京：北京大学出版社。

郭应和，2004，"泰罗制"管理理论的现代意义，《能源研究与利用》，第2期。

豪威尔斯，[1998]2002，《德里达》，张颖、王天成译。哈尔滨：黑龙江人
　　民出版社。

郝志安，2003，http://www.51cmm.com/ExpertColumn/No003.asp 3K

何道宽，2001，硕果永存——麦克鲁汉媒介理论述评，载郑立华、徐真
　　华主编《企业与传播》。香港：开益出版社。

胡壮麟（主编），2002，《语言学教程》。北京：北京大学出版社。

黄少华，2004，论网络书写行为的后现代特性，《自然辩证法研究》，第
　　2 期。

金尧，1999，从周总理改变签名写法说起，《办公室业务》，第 6 期。

郎志正，2000，迎接质量世纪的到来，《世界标准化与质量管理》，第
　　11 期。

李绍林，1994，论书面语和口语，《齐齐哈尔师范学院学报》，第 4 期。

穆瓦朗，1994，书面语语境，吴敬业译，《河南教育学院学报》，第 2 期。

林语堂，1990，《吾国与吾民》。北京：中国戏剧出版社。

罗玉英，1999，质量体系文件与质量体系文件归档，《北京档案》，第
　　5 期。

牛毓梅，1995，试论口语与书面语的关系，《山东大学学报》，第 4 期。

钱冠连，1997，《汉语文化语用学》。北京：清华大学出版社。

邱振中，2006，http://www.tianshannet.com.cn

申小龙，2003，《汉语与中国文化》。上海：复旦大学出版社。

索绪尔，[1916]1982，《普通语言学教程》，高名凯译。北京：商务印书馆。

王德春、孙汝建、姚远，1995，《社会心理语言学》。上海：上海外语教
　　育出版社。

王举忠、王冶（主编），1989，《传统文化与中国人》。沈阳：辽宁大学出
　　版社。

王雁，2000，ISO 9000 系列质量体系标准与企业的文档一体化管理，《上
　　海档案》，第 3 期。

王宗炎（主编），1990，《英汉教学语言学词典》。长沙：湖南教育出版社。

汪于勤，2000，文件和资料的管理是质量体系运行的基础，《城建档案》，
　　第 2 期。

谢明，1999，口语交际的优势特征，《盐城师范学院学报》，第 3 期。

邢福义（主编），2000，《文化语言学》。武汉：湖北教育出版社。

牙韩高，2000，浅谈泰罗科学管理理论的基本特点，《广西青年干部学院
　　学报》，第 4 期。

杨晖，2002，口头语言和书面语言与其文化语境，《松辽学刊（人文社会科学版)》，第 5 期。

姚亚平，1991，试论口语的交际性特点，《语文建设》，第 6 期。

叶斯帕森，[1924]1988，《语法哲学》，何勇等译。北京：语文出版社。

易中天，1996，《闲话中国人》。北京：华龄出版社。

余秋雨，2004，《借我一生》。北京：作家出版社。

张公瑾，1998，《文化语言学发凡》。昆明：云南大学出版社。

张南平，1994，写，也是一种思维形式，《昭乌达蒙族师专学报》，第 3 期。

张侨辉，1994，书面语中交际参与者的相互作用关系，《福建外语》，第 4 期。

赵蓉晖，2003，《语言与性别：口语的社会语言学研究》。上海：上海外语教育出版社。

周朝琦、侯龙文（主编），2000，《ISO 9000 质量体系——进入国际市场的护照》。北京：经济管理出版社。

郑立华，2003，《语言与交际——互动社会语言学导论》（法文版）。北京：外语教学与研究出版社。

附 录

附录一：社会语言学研究：
ISO 9000 质量体系中的书面语使用

（深入访谈提纲）

基本情况

被采访者：性别，年龄，职业

所在企业：性质（国有 / 合资 / 外资 / 私营等）、生产（企业是干什么的）、
规模（多少人）、地点等

第一部分 ISO 9000 认证

1. 动机

您是什么时候听说 ISO 9000？通过什么渠道了解 ISO 9000 的？

企业是什么时候开始计划要申请认证的？

企业出于怎样的考虑要申请 ISO 9000 认证？

领导是怎样对员工讲认证的目的的？

企业里是如何宣传的？（标语、企业内部材料、企业网等）

质量体系中的"质量"是什么意思？

企业里一般员工是如何看 ISO 9000 的？您呢？

以前企业有没有申请其他的认证？

2. 申报准备过程

申请认证的程序是怎样的？

通过什么途径知道要准备写什么？

什么时候开始准备的？

准备阶段共花了多少时间？

企业上下是怎样的一种态度？干部与员工有没有不同？

有没有抵触情绪？为什么有抵触情绪？如何解决这一问题？

准备工作是如何组织与安排的（如成立领导小组）？

企业在认证准备工作中最大的困难是什么？如何解决？

准备过程中发现企业哪些方面不足？如何去补足？

请具体描述一下材料是如何准备的？

具体到一个岗位，如何把所做的工作用文字表达出来？

您在描述工作的过程碰到什么困难？如何解决这些困难？

企业里其他人碰到什么困难？如何解决？

有关材料准备过程中的笑话与趣闻。

3. 迎接认证机构的准备工作

请了什么认证机构？为什么请这个机构？

请描述一下认证前准备工作的过程。

企业内部如何自评。

认证机构到达的前一两天，企业主要做哪方面的准备工作？

企业如何培训员工？

您自己是如何准备的？

您的顶头上司（或下属）是如何准备的？

4. 认证过程

认证人员来了多少人？在企业呆了多长时间？

企业如何接待他们？

请描述一下认证在企业中的整个过程。

具体涉及到您的部门或您的岗位，认证的过程是怎样的？

文件描述与实际操作的对应是如何检查的？

您的同事又是如何的情形？

认证的关键时候，企业与平时有何不同？

具体到您的工作，与平时有何不同？

关于认证过程的笑话与趣闻（或印象最深的事）。

认证过程中有没有出现什么问题？如何解决？

认证总共要花多少钱？

认证结束后，对企业评价如何？提出怎样的改进意见？

如果有企业打算申请认证，你会给什么建议？

5. 拿到认证证书之后

多久后拿到认证书？

企业上下反应如何？如何庆祝？

认证证书的牌子挂在哪里？

企业是如何对外宣传的？

认证在广告上如何反映？

认证在产品上如何反映？

证书还被用到其他什么地方？

6. 认证带来的变化

企业申请到认证后，达到目的没有？（哪方面的目的？）

整个企业认证前与认证后有何不同？

- 管理变化（领导的工作方式／决策方式）

- 质量变化

- 员工工作变化

- 环境变化

- 产品销售变化（市场上的竞争力／市场份额／市场开拓／客户来源／在客户中的形象）

- 与供应商的关系变化（在供应商中的形象）

您的工作或您的岗位与认证前有何不同？

- 工资

- 工作的程序

- 工作的责任

- 上级与下级的关系

以前办公室抽屉里有文件，现在也有文件，现在的文件与以前的文件有何不同？

- 来源

- 性质

- 与工作的直接联系

- 归档

第二部分 您的日常工作

1. 与书面语打交道

- 请描述您一天的工作。（如昨天或前天）
- 这一天中，您接触了哪些书面写的东西？
- 这一天中，您写了哪些东西？（包括正规的和非正规的）（écrit formel et écrit informel）
- 这一个星期来（或一个月来），您收到的文字的东西主要涉及哪些内容？从哪个部门来？（给一个人的还是给很多人的，通过什么途径发下来？）收到后如何处理？（留底 / 传阅）
- 这一个星期来（或一个月来），您写的文字的东西主要涉及哪些内容？是交给哪个部门的？（谁写？怎样写（手写 / 电脑 / 口述），发给一个人还是多个人？ 如果不写而用口头有没有不同？）
- 同事之间，有哪些东西是要写下来的？最近一个星期（或一个月）写了些什么？

2. 签字

- 在您的日常工作中，什么情况下您是需要签字的？最近一个星期您签了多少字？
- 您是如何签字的？（中文？外文？加盖私章？一致性？可辨度？用什么字体？写得漂亮 / 潦草）为什么？
- 签在什么地方？（纸的上面 / 下面 / 专门的地方）
- 您的签名有没有练过？
- 能不能代签？别人有没有代签？
- 忘记签字，怎么办？请举一个忘记签字的具体例子。
- 您对签字是怎样看的？（形式、效力等）
- 签字与公章比较有什么不同？
- 您的部门什么时候要用公章？ 什么情况要求别人用公章？什么时候要求签字加公章？为什么？

3. 对质量标准的实行

- 以前有没有执行别的质量标准？与现在的质量标准有何不同？
- 如何执行文件规定？

- 标准中的术语与日常生活中的用词有何不同？（如 Opérateur, fiche d'opération 等）
- 质量标准执行中的 CNQ（Constat de non- qualité）是如何操作的？如何影响人际关系？
- 工作过程是否完全按照文件的规定去做的？（relation entre le prescrit et le réel）
- 严格执行文件的规定的困难，以及产生这些困难的原因，如何解决这些困难？
- 请介绍本部门执行的情况？

4. 工作质量的监控
- 企业在保证质量方面采取哪些措施？
- 您的部门或您的岗位在质量保证方面要做什么？
- 出了质量的问题，如何查找责任？请讲述最近一个责任查找的例子。
- 出了质量问题，责任人怎么办？（奖金 / 处罚）

5. 考勤
企业采取什么形式控制考勤？（签到 / 打卡）
请讲述一个员工请假的过程。
工资如何反映考勤？

6. 布置任务
上级是如何布置任务的？请讲述最近一次任务的布置过程
本部门是如何向员工布置任务的？请讲述最近一次任务的布置过程

7. 决策
决策过程（不同的事情决策过程有何不同），为什么？
决策的形式（一个人 / 开会讨论 / 汇报报批），为什么？
请讲述您的部门最近的一个决定出笼的过程。
这个过程当中哪个环节需要写下来？

8. 申请
请讲述您或您的部门最近一次向上司或上级部门申请一件事的过程。

9. 意见的反映

有意见如何提？（向上级 / 向同事 / 向下属）

请讲述一次提意见的过程及结果

10. 问题的解决

请讲述您所在的部门最近出现的一个问题，以及问题解决的过程。

11. 招聘

企业或部门如何招聘员工？决定权在谁那里？

请讲述最近一个员工招聘的例子。

新的员工到企业的第一天是怎样的？如您自己的情况（或最近一个员工的情况）。

12. 解聘

企业或部门是如何解聘员工的？决定权在谁那里？

请讲述最近一个员工被解聘或辞职的例子。（别人有何议论）

13. 工作业绩的评估

企业是如何评估业绩的？

您所在的部门最近的一次业绩评估是如何进行的？

14. 晋升

请讲述您或您的一个同事最近晋升的过程。

附录二：被访对象情况表

序 号	性 别	年 龄	国 别	职 务
1	女	40 岁	中国	项目经理
2	男	25 岁	中国	职员
3	男	25 岁	中国	操作工
4	男	30 岁	中国	办公室秘书
5	男	39 岁	中国	总经理
6	女	28 岁	中国	工程师
7	男	20 岁	中国	ISO 项目职员
8	男	33 岁	中国	总经理
9	女	50 岁	中国	工程师兼内审员
10	女	45 岁	中国	工程师
11	男	53 岁	中国	生产主管
12	男	40 岁	中国	ISO 项目职员
13	男	26 岁	中国	质量主管
14	男	40 岁	中国	ISO 项目主管
15	女	25 岁	中国	质检员
16	女	38 岁	中国	质量部职员
17	女	32 岁	中国	质检员
18	女	27 岁	中国	销售部助理
19	男	38 岁	中国	维修部经理
20	女	24 岁	中国	维修部职员
21	女	27 岁	中国	作业部职员
22	男	23 岁	中国	研究院职员
23	男	40 岁	中国	内审员
24	男	38 岁	意大利	总经理
25	女	26 岁	中国	操作工
26	男	37 岁	中国	运输工
27	男	48 岁	中国	副总经理
28	男	27 岁	法国	管理人员

（待续）

（续上表）

序 号	性 别	年 龄	国 别	职 务
29	男	33 岁	中国	翻译
30	男	48 岁	法国	工程师
31	男	50 岁	法国	工程师
32	男	40 岁	中国	部门经理
33	女	24 岁	中国	副总经理
34	男	48 岁	法国	工程师
35	男	32 岁	中国	部门经理
36	男	36 岁	中国	总经理助理
37	男	42 岁	中国	处长
38	男	46 岁	法国	工程师

附录三：作者其他著作

ZHENG Lihua. 1995. *Les Chinois de Paris et leurs jeux de face*. Paris: L'Harmattan. 300p.

ZHENG Lihua. 1998. *Langage et interactions sociales. La fonction stratégique du langage dans les jeux de face*. Paris: L'Harmattan. 197p.

ZHENG Lihua. 2002. *Les stratégies de communication des Chinois pour la face*. Lille: Septentrion. 662p.

ZHENG Lihua et DESJEUX Dominique (éds). 2000. *Chine-France. Approches interculturelles en économie, littérature, pédagogie, philosophie et sciences humaines*. Paris: L'Harmattan. 315p.

ZHENG Lihua et XU Zhenhua (éds). 2001. *Entreprise et communication*. Hong Kong: Maison d'éditions Quaille. 452p.

ZHENG Lihua et DESJEUX Dominique (éds). 2002. *Entreprises et vie quotidienne en Chine*. Paris: L'Harmattan. 301p.

ZHENG Lihua, DESJEUX Dominique et BOISARD Anne-Sophie. 2003. *Comment les Chinois voient les Européens*. Paris: PUF. 148p.

ZHENG Lihua et XIE Yong (éds). 2004. *Chine et mondialisation*. Paris: L'Harmattan. 330p.

ZHENG Lihua et YANG Xiaomin (éds). 2006. *France-Chine, Migrations de pensées et de technologie*. Paris: L'Harmattan. 413p.

ZHENG Lihua et YANG Xiaomin (éds). 2010. *La confiance et les relations sino-européennes*. Paris: L'Harmattan. 340p.

郑立华，2003，《语言与交际——互动社会语言学导论》（法文版）（研究生推荐教材·教育部研究生工作办公室推荐）。北京：外语教学与研究出版社。

郑立华，2012，《交际与面子博弈——互动社会语言学研究》。上海：上海外语教育出版社。

叶剑如、郑立华，2012，《书写与管理》（法文版）。上海：上海外语教育出版社。